此书为：

教育部"十三五"规划重点立项课题"重建儿童学习场景：学前混龄教育生态模式研究"的课题成果之一，课题编号为DHA160371

QING　SHANG　KE　TANG

情商课堂

——幼儿亲社会行为的研究及教养对策

胡　瑛◎著

YOU'ER QINSHEHUI
XINGWEI DE
YANJIU JI JIAOYANG DUICE

ZHEJIANG UNIVERSITY PRESS
浙江大学出版社

序

2006 年,我来浙江师范大学幼儿教育集团讲学并参观了其国际部幼儿园,认识了时任园长的胡瑛。

她是一个充满教育理想的园长,当我与她讨论儿童研究时,她的眼神里闪烁着光芒。在她向我介绍他们独特的办学理念和课程研发后,我发现这是一个多么难得的园长、幼儿教育研究者。

果不其然,十余年后的今天,她的专著即将问世。这是她十余年的儿童研究、深度实践的成果。我细细读来,叹服于她能够将"亲社会行为的培养"这么抽象的概念用这么具体可操作的手段落实于幼儿园教育。

我在多伦多大学儿童研究所工作多年,主要研究儿童社会性发展。基于工作原因,我与胡瑛有了较多的交流与合作。让我欣喜的是,在杭州有这样一位园长,能将儿童的社会性发展视为早期教育的基石,并将孩子亲社会行为的培养融入到日常的教育教学中。

亲社会行为作为一种普遍的社会现象,存在于幼儿的日常生活中。近年来,幼儿亲社会行为的培养已经成为幼儿社会领域的重要教育内容。亲社会行为不仅影响幼儿早期心理发展,也影响其个体今后的发展,是幼儿社会性发展的重要标志。

作为园长兼儿童教育研究者,胡瑛希望每一位孩子都具有开放的思维和心灵,热爱生活,敬畏生命,开怀接纳,对未知充满好奇,对未来充满憧憬。怀揣这样的教育理想,从 2002 年开始,胡瑛园长带领着她的教师团队一直专注于幼儿亲社会行为的培养研究。走到今天,我们不仅真切地在孩子身上看到了亲社会行为的发展,而且他们为幼儿园课程积累了丰富的资料和经验。

这本书,不仅展示了胡瑛园长及其教师团队,专注于幼儿亲社会行为培养的探索之路,而且还体现了她作为一名园长,在一线教育实践中融会贯通,提升生成课程的能力。这既有效地助推了幼儿亲社会行为的发展,也使教师在探索的过程中获得了自身的专业成长。

阅读本书,你不仅能够获得幼儿亲社会行为相关理论的集中研究经验,还可以通过一个个生动的案例和具体的培养方法,真实地学习如何在一日生活中开展游戏互动和主题学习,促进幼儿亲社会行为的发展。

"用爱唤醒每一个孩子内心的成长力量!"这是胡瑛园长的工作感言,也是国际部老师们心中不变的理念。我相信,本书的出版,一定会为学前教育领域提供鲜活的经验和参考,并唤醒广大幼儿教育者对混龄教育的重视,认识到混龄教育对于儿童社会性发展不可替代的作用。

最后,让我们在与孩子共同成长的过程中,守望幼儿混龄教育更为阳光的明天。

加拿大国家一级研究员

多伦多大学终身教授

多伦多大学心理研究所所长   于多伦多大学

前　言

　　春天的花，夏天的风，秋日的落叶，冬日的暖阳……缤纷世界，有不经意间遇见的小美好，偶然发现的小确幸。低眉垂首可能错过这一切，需要我们有一个接纳的心情去迎接、去拥抱。我们有幸从事幼儿教育这份点燃心灯一般美好的工作，可以将这份心情传递。我希望，经过三年在园生活，从这里走出去的孩子，视角多元，开放接纳，乐于分享、合作、助人，表现出积极的亲社会行为，无论日后身处何方，都可以与他人、与自我愉快相处。

　　亲社会行为是指人们在社会交往中所表现出来的谦让、助人、合作和分享等有利于别人和社会的积极的行为。它是个体在社会化过程中形成的，是人与人之间形成和维持良好关系的重要基础，对个体一生的发展意义重大。我们一般从分享行为、助人行为、合作行为这三个维度来研究亲社会行为。在幼儿期，把握其亲社会行为的发展特征，对于引导幼儿产生同情、安慰、帮助、分享、合作以及社会公德行为等亲社会行为有着重要的意义。亲社会行为代表了积极的社会价值观，幼儿亲社会行为的发展关系到其成年后是否能够适应社会、完成学业、成就事业以及心理能否健康发展，对于幼儿成长乃至其整个人生的发展都相当重要。

　　怀揣着这样的愿景和希冀，从2003年开始，在浙江师范大学幼儿教育集团国际部幼儿园混龄编班的自然优势下，我和我的教师团队潜心于幼儿亲社会行为的培养之路，通过混龄环境下的日常生活、自由游戏、主题活动等方面，搭建幼儿亲社会行为发展的支架。随着实践和反思的不断深入，十余年探索，从无到有，我们积累了一些材料和经验。怀着分享与学习的心情，将这些积淀整理成书。本书分为上下两篇,上篇重在理论分享,包括幼儿亲社会行为的概念、特点、发展目标、影响因素、混龄环境对其的影响、促进幼儿亲社会行为发展的方法与途径等;下篇是我们在多年实践中生成的,包括培养幼儿分享、合作、助人三方面亲社会行为的案例分析和活动方案。

关于幼儿亲社会行为的培养研究,保持学习、实践和思考,我们一直在行动。

上 篇

第一章 亲社会行为概述

第二章 幼儿亲社会行为的发展特点与培养目标

第三章 幼儿亲社会行为发展的影响因素

下　篇

上
篇

SHANG PIAN

第一章　亲社会行为概述

第一节　什么是亲社会行为

　　儿童从出生后便处于各种社会关系和社会交往之中。当他开始对母亲的爱抚报以微笑或动作时,社会性行为就表现出来了。随着年龄的增长,儿童的生活范围日益扩大,社会经验日益增多,其社会性水平也不断提高。亲社会行为是指人们在社会交往中所表现出来的谦让、助人、合作和分享等有利于别人和社会的行为。利他性是亲社会行为的重要特征。

　　亲社会行为这一概念最早由美国研究者威斯伯在《社会积极形式考察》一文中提出,他将"亲社会行为"概括为所有与侵犯等所有否定性行为相反的行为,包括同情、慈善、分享与帮助等。马森和艾森伯格认为,真正的亲社会行为是指行为者不为期望奖酬,不为避免惩罚而试图帮助他人或为他人利益而行事。亲社会行为包括任何有助于社会、有助于他人的行为。艾森伯格等心理学家认为,利他行为是出于自愿而有益于他人的行为,而亲社会行为一般指有意帮助他人而不考虑动机的行为。一种亲社会行为,例如分享可能是出于利他的原因,也可能是出于移情或者遵守内化的价值的结果。利他行为是动机最高的亲社会行为,通常表现为在短时的交往中,行为的发生是为了使他人受益,却不指望任何酬偿。

　　亲社会行为是人与人之间形成和维持良好关系的重要基础,是一种积极的社会行为。它受到人类社会的肯定和鼓励。儿童亲社会行为的产生和发展是与他们的道德行为的产生和发展相一致的。亲社会行为发展成为儿童的心理品质的过程,就是儿童道德认识水平提高,道德情感日益丰富,在活动中有效地掌握帮助别人的知识、技能及锻炼自身意志的过程。因此,人们也常常把亲社会行为的教育当作是儿童道德教育的有机组成部分。

我们一般从分享行为、助人行为、合作行为这三个维度来研究亲社会行为。

一、分享行为

分享指个人拿出自己拥有的物品让他人共享从而使他人受益的行为。分享的特点是使交往双方共享物品拥有者的资源并使双方受益。人们在群体生活时把属于自己的物品、权利、某种思想或积极情感与别人共同享用的行为,是亲社会行为的突出表现,是亲社会行为的另一个重要范畴。

幼儿的分享行为随着年龄的增长而逐渐增加,这与幼儿认知、情绪水平随年龄增长是一致的。4 岁的幼儿年龄较小,在认识事物的过程中,他们还不能准确地理解他人的情感和态度,也不能正确地评价自己的思想和情感。而 5—6 岁的幼儿的认知情感水平与 4 岁幼儿相比较有进一步的发展。同时,此时的幼儿正处于皮亚杰所说的前运算阶段末期,向具体运算阶段过渡,开始逐渐地去自我中心化,这对于他们理解他人的心理状态及情绪有很大的帮助,促使他们表现出更多的分享行为。

随着年龄的增长,幼儿的身体、思维能力等都在迅速地发生着变化,认知水平在不断提高,但是道德水平还处于较低阶段,辨别是非往往以自己的观念、感受为标准,经常因为自制力差而出现道德认知与行为脱节的情况。另外,低龄幼儿自我中心意识较强,过分溺爱又导致幼儿遇事总先想到自己,等等,这些都是幼儿缺乏分享行为的重要原因。

二、助人行为

助人行为是指无私地关心他人并提供帮助的行为,是亲社会行为的一个重要组成部分。助人行为包含助人者、受助者和情境三个方面。

在助人者方面,幼儿助人行为的产生受到多种因素影响,主要有直接因素和间接因素。

直接因素主要指幼儿的情绪、道德发展水平和道德判断、移情对幼儿的影响,以及观点采择能力等其他认知因素对儿童的影响。间接因素主要来自环境方面,包括社会文化、家庭、榜样和同伴关系及学业成绩等。

影响助人行为的又一个重要因素是受助者。一般来说,弱者(如老人、小孩、女性等)较易引发儿童的同情心而获得更多的帮助。同时,他们更倾向于帮助同性别的被助者。

除此之外,情境也是非常重要的影响因素,主要是情境的性质和被助者的特征。张向葵等通过设置两类实验情境(非紧急情境,如问路和紧急情境,如急救病人求助)测查儿童助人行为的发生。研究发现,不同情境对儿童助人行为的发生产生极大影响。在紧急情况下,受能力所限及自我保护心理的提示,儿童助人行为明显减少。廖凤林、廖桂春等也发现情境的不同影响着幼儿的助人观念及其行为的发展,幼儿在冲突情境中的助人观念及行为普遍少于无冲突的情境,且两者的关系既不匹配也不平衡。

三、 合作行为

合作行为是指不同个体为达到共同目标,相互协调和配合的行为。合作行为是一种重要的亲社会行为,是儿童社会化的重要方面。所谓合作行为,是指"两个或两个以上的个体为达到共同的目标而协调活动,以促进一种既有利于自己又利于他人的结果出现的行为"。与合作行为相对的是竞争行为,是指希望超过他人而获得承认的行为。

研究发现,当儿童意识到个人利益的获得必须通过与他人的竞争才能实现时,他们更倾向于彼此竞争;而当面对共同目标时,儿童认识到个人利益与群体利益是一致的,只有彼此合作才能使个人利益得到满足,会产生合作行为。

在出生后第二年,当交往的同伴开始能够围绕共同的主题进行角色转换和角色轮流时,绝大多数18—24个月的婴儿可进行合作游戏。同时,他们也表现出更多的与成人合作的倾向。随着年龄的增长,交往经验的增多,儿童间合作的目的性、稳定性逐渐增强,他们能够为实现共同目标而努力。另外,他们的合作范围不断扩大,逐渐由两人间的合作发展到三四人之间乃至更多的人之间的合作。

研究也发现,随着年龄的增长,幼儿合作行为认知的水平也逐渐提高。无论在自然情境还是问题情境下,知道与同伴合作共玩或通过合作解决问题的幼儿人数都逐渐增多。同时,幼儿结果归因所占比例逐渐提高,而客观条件归因、规则和权威归因则逐渐减少。在结果归因中,共同利益归因所占比例增长迅速。

第二节　培养幼儿亲社会行为的意义

亲社会行为,又称"向社会行为""利他行为",指对他人或社会有利的行为及趋向,如帮助、安慰或救助他人,与他人合作、分享,谦让,及赞扬他人,使他人愉快的行为。亲社会行为是个体在社会化过程中形成的,是人与人之间在交往过程中维护良好关系的重要基础,对个体一生的发展意义重大。从行为主义的观点来看,亲社会行为不仅使个体能够获得来自社会的、他人的和自我的奖励,而且能够避免来自社会的、他人的和自我的惩罚,这会促使个体形成积极的社会价值观,有利于个体的身心健康。例如,帮助别人有提升心境的作用,当受助者的痛苦消除并开始快乐起来的时候,助人者同样会受到这种情绪的感染,使自己也变得更加愉快。促进幼儿亲社会行为的发展有助于幼儿更好地进行人际交往并适应社会,从而为其终身发展奠定基础。

一、 促进幼儿道德水平发展

幼儿亲社会行为的发展对道德发展水平的影响是极重要的,其表现有如下几个方面。

首先,道德认知是道德行为的基础,道德行为的发展在一定程度上又影响着道德认知的发展。儿童的亲社会行为作为道德行为的一个重要组成部分,其发展能提高儿童对道德的认识,增强儿童的良好道德情感,对于培养儿童良好的道德情操具有重大意义。例如,当某个人由于按照一定的道德要求,为集体、为别人做了一些好事,受到了舆论的好评,得到了老师、家长与同学的支持的时候,他就会具体地认识到道德要求的正确性,并且产生继续做好事的热烈愿望。

生活中个体所表现出来的亲社会行为能够获得大众的好评与肯定,从而使个体获得更多情绪上的愉快体验,并从这些活生生的事件中增加道德认识,体验道德准则。当个体把道德知识变成了个人的行动指南与原则,并且坚信它的正确性时,道德知识可以促使个体的道德行为表现出坚定性和一贯性,从而形成良好的道德品质。

其次,儿童亲社会行为的发展,对于儿童良好个性品质的形成和发展具有极大作用。尤其对人生观和世界观处于形成阶段的儿童来说,亲社会行为的发展有利于他们形成积极的人生价值观。有研究表明,儿童利他行为的发展,与其良好个性的形成和发展成显著的正相关。儿童时期亲社会行为的发展,对于成人后利他行为的发展具有决定作用。人的性格及其行为方式在一定程度上是相对稳定的,只有在儿童期就开始培养和发展儿童的良好行为,成人后才能养成良好的个性品质和行为习惯。有研究证明,儿童亲社会行为的培养,在一定程度上也抑制了攻击性行为的产生。如果一个人认为生活是美好的,周围的人是可信的,实施攻击性行为的几率就会大大降低,而表现出更多的亲社会行为倾向,这对于社会秩序的维护也起到了一定的作用。

二、 促进幼儿良好人际关系的形成

儿童亲社会行为的发展,可以促使儿童的理解、关爱他人,与人分享、友好合作、互相关心、互相帮助,有利于形成儿童良好人际关系,培养良好的人际沟通能力,为今后各项事业的更好发展打下坚实的基础。主要表现在以下几个方面。

1. 儿童亲社会行为有助于其融入周围环境

人与人之间的团结友爱行为是友善和联盟的信号,能引发交往对象的积极情感,有利于在交往过程中形成更为密切的人际关系。儿童表现出的合作、分享、帮助等亲社会行为,会促使他们在社交活动中获得成功。儿童因帮助等亲社会行为而获得他人的感谢和赞美,可以使他们在能力感与价值感上获得满足,从而形成积极的自我意识。3—6岁儿童在人际交往中倾向于做出积极的行为,该阶段是培养亲社会行为的最佳时期,身边的人每次出现亲社会行为都会成为儿童学习的榜样。当儿童自己成为亲社会行为的受益者时,他们通常会更仔细地观察和思考这种行为是如何实施的,以此作为自己身体力行的榜样。儿童年幼时在亲社会行为方面受到的良好影响会一直持续到成年,那些具备亲社会态度与行为的儿童成年后也会表现出积极的生活态度。

2. 儿童亲社会行为有助于幼儿建立良好的同伴关系

同伴关系是儿童亲社会行为发展的基本途径,有良好亲社会行为倾向的儿童更容易受到同伴群体的接受和欢迎。儿童亲社会与否,在一定程度上决定了其受接纳和欢迎的程度,及同伴关系的好坏。同伴接受的稳定性与连续性主要是由儿童亲社会行为维持的,儿童时期很大一部分的同伴拒绝则是由攻击性行为维持的,亲社会行为和同伴关系相互影响。儿童在同伴交往中逐渐分清"自我"和"个人",能够逐步去自我中心化,站在他人的角度看问题,促使幼儿作出更多的利他行为。同时良好的亲社会行为也使得幼儿能更好地维系同伴关系。

3. 儿童亲社会行为的出现还有助于形成具有积极意义的群体,进而影响整个社会文化氛围

一般来说,注重实践亲社会行为的群体,其成员之间的互动更加友好,而且群体行动的效率更高。若在群体活动中儿童能关注他人的感受,群体成员之间经常出现互助、合作、分享等行为,这对群体归属感的产生具有积极的作用。在这样的群体中形成积极的群体意识的儿童,无论到了怎样的新环境中,都能成为群体关系中的"润滑剂"。

总之,亲社会行为代表了社会积极的价值观。儿童亲社会行为的发展程度关系到儿童成年后是否能够适应社会、完成学业、成就事业以及心理能否健康发展。亲社会行为的发展对于儿童成长乃至其整个人生都相当重要。在儿童时期把握儿童亲社会行为的发展特征,对于引导儿童产生同情、安慰、帮助、分享、合作以及社会公德行为等亲社会行为有着重要的意义。

第二章　幼儿亲社会行为的发展特点与培养目标

美国学者艾森伯格在《爱心儿童》一书中分析,幼儿的亲社会行为在生命早期即已出现。婴儿和蹒跚学步的幼儿在理解他人需求以及情绪性反应方面,其能力增长是突飞猛进的。作为新近生长并且发展起来的理解力和其他能力的一种反映,儿童在其生命的第二年和第三年里,表现出大量增长的亲社会行为。其后,这种亲社会行为在数量上增长相对较缓。在幼儿期,随着年龄的增长、智力的发展,幼儿逐渐获得重要的认知技能,在亲社会问题的处理上越来越多地出现助人、分享等亲社会行为。

第一节　幼儿分享行为的发展特点与培养目标

一、幼儿分享行为的发展特点

20 世纪 80 年代有一系列关于幼儿亲社会行为的研究。研究发现,幼儿的分享行为与年龄之间呈正相关,年龄较大的幼儿更具有分享的倾向,或显得更为慷慨。受社会生态学理论的影响,到了 20 世纪 90 年代,学者们越来越多地

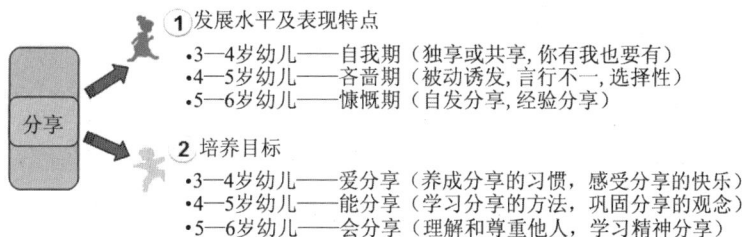

分享

❶ 发展水平及表现特点
- 3—4岁幼儿——自我期（独享或共享,你有我也要有）
- 4—5岁幼儿——吝啬期（被动诱发,言行不一,选择性）
- 5—6岁幼儿——慷慨期（自发分享,经验分享）

❷ 培养目标
- 3—4岁幼儿——爱分享（养成分享的习惯,感受分享的快乐）
- 4—5岁幼儿——能分享（学习分享的方法,巩固分享的观念）
- 5—6岁幼儿——会分享（理解和尊重他人,学习精神分享）

从生态与文化的角度去分析分享行为,认为幼儿分享行为的发展离不开息息相关的社会文化环境和教育生态环境。

1. 3—4 岁幼儿:自我期

这个时期表现的特点是:独享或共享,你有我也要有。

小班幼儿愿意将自己的物品带到幼儿园来分享,其最重要的动机是他们自己喜欢,也想玩、想吃。小班幼儿缺乏分享意识,往往是在老师要求或个别幼儿强迫下进行"分享行为"。小班幼儿的分享行为更多的是低层次的物质分享,如食物、玩具等。当分享的物品很充足时,分享时表现得很大方;当分享物不足,即分享人数多于分享物品数时,小班大多数幼儿以"自我中心"为主,表现出"独享",即"我都想要,因为我喜欢吃、喜欢玩",或者"自我关注"即"我自己拿一个,余下的给别人"。

晨间时,豆豆带来了一辆小汽车,在教室里开来开去玩得不亦乐乎。喜欢汽车的明明跟在他的旁边,看到汽车开到自己脚下,二话不说迅速地抓住它。豆豆立刻跑过来一把抢回去:"这是我的!",转过身继续摆弄自己的汽车"滴滴……"。明明继续跟着他说:"这个警车我在马路上看到过的!"豆豆没反应,继续沉浸在自己的快乐里。这时,老师走过去亲切地说:"豆豆,你的汽车真好玩,明明也想玩,你把玩具给明明玩一下,好吗?"豆豆低头看了自己的玩具车,犹豫了一下,然后递给了明明。明明拿着汽车刚放到地上,摆弄了几下,豆豆就迫不及待地把玩具给拿了回来说:"这个是这样玩的,你不会!"自己玩了起来,把明明忘在一边。

食物分享活动开始,老师请小朋友们说出自己带了些什么好吃的食品。老师引导珍珍说:"我带的是巧克力饼干,想和大家一起吃"。然后就请珍珍开始分给小朋友,珍珍一块一块耐心地递给小伙伴,当剩下最后几块的时候,珍珍有些按捺不住,忙在自己手心先抓了两块,然后再把剩下的继续分给别人。

小班幼儿往往只能从自己的感觉、立场出发思考问题,不能顾及别人的感受和需要,这使他们更注重维护自己的利益和快乐。从上述案例看出:豆豆带来了一辆汽车,即便明明一直想一起玩,他也只顾自己玩得开心。珍珍在分享巧克力时,还没有给大家分享完,自己就急着先拿了几块,唯恐最后自己没有了。他们虽然愿意和别人分享自己的食物，但是前提是保证先满足自己的需求。

2. 4—5 岁幼儿：咨喜期

这个时期表现的特点是：被动分享，言行不一，选择性分享。

中班的幼儿知道要分享，但不太愿意分享，表现得比较被动，我们称之为分享空白期。究其原因是他们对行为结果有一定的预测能力，担心自己的物品是否会被弟弟妹妹弄破、自己的东西被吃完了怎么办等问题。他们意识到了困境，但不知道怎么解决，所以很多孩子会选择逃避分享行为。

中班（4—5 岁）是幼儿分享观念形成的关键期。幼儿 5 岁起已具有了分享观念，开始懂得因他人的需要与别人分享，如"给别的小朋友，他们也喜欢玩"；或是因服从权威定向与别人分享，如"给别的小朋友，老师说要团结友爱"。

饭后分享玩具的时候，小伟来到玩具分享区，拿起涵涵的铠甲玩，恰巧涵涵也吃好饭过来。涵涵一把抢过铠甲说："这是我的，你都没有经过我的同意。"小伟连忙好声地说："那你给我玩一下好吗？"涵涵一口拒绝说："等一下，我玩好了给你玩。"听了涵涵的话，小伟一直跟在涵涵的身边。这时候，涵涵的好朋友亮亮过来说："这个铠甲我也有，哇，超厉害……"涵涵像遇到知音一样，两个人你一句我一句说起来，铠甲从涵涵的手里传到了亮亮的手上，小伟却始终没有机会玩。于是，他委屈地向老师告状："老师我也想玩涵涵的铠甲，可是他都不给我玩。"涵涵听到了小伟的告状立马对老师解释说："不是的，我是说玩好了再给他玩的！"涵涵说完就把铠甲递给了小伟："哎，给你玩！"小伟欣喜地接过铠甲。接下来，涵涵的视线一直没有离开自己的铠甲，也不让玩具离自己太远，而且不断催促小伟玩好了没有。

中班幼儿渐渐摆脱"自我中心"，已具有了一定的分享观念，但因道德认识水平仍处于他律的道德判断阶段。如在活动中，他们常常关注自己而忽略同伴，但在同伴提出要求，尤其在老师的引导、暗示下，绝大部分幼儿能做出积极的回应。因而，中班幼儿的分享行为以诱发分享为主要特征。所以在案例中，涵涵在小伟向老师告状之后，能马上调整自己的行为与小伟分享自己的玩具。

但是此时由于幼儿更多按自己的需要去感知事情,行为易受外界刺激的干扰,所以表现出来的分享行为较不稳定。有的孩子当着老师的面愿意与人分享玩具,而老师不在时却显得比较吝啬,或者是有选择性地分享,如择人(和好朋友分享)、择物(自己特别钟爱的玩具不愿分享)等。

晨间活动,教师让幼儿自由选玩具,滑板车的地方就挤满了。丁丁、当当和毛毛面带紧张神色,紧紧握住了一个滑板车,谁也不松手。看见教师正往他们那边走去,毛毛迅速放开手去"抢"其他的玩具,丁丁和当当继续僵持着"我先拿到的""是我先拿到的"。最后,当当拗不过丁丁,一甩手气愤地说:"哼,我不玩了!",然后一个人生闷气去了,丁丁则获得了"战利品"。几分钟以后,毛毛跑来找老师,说他也想玩滑板车,他们都不给他玩。

中班幼儿由于受年龄特征,心理发展水平正处在矛盾的多发期。幼儿想分享,但又克制不住自己的欲望,也缺乏分享技能,从而导致冲突不断。幼儿在认知方面对"好玩的玩具大家玩"已有明确和清晰的认识,但常常是嘴上说得好,行动做不好,知道要互相谦让,但真正在游戏的过程中又互不谦让。知道抢夺玩具是不对的,但在玩的时候依然我行我素,甚至会因此大打出手。这就是中班幼儿认知与行为脱节而导致的言行不一的现象。

中午饭后,小星跑过来说:"老师,小鱼儿都不给我玩他的飞机。"老师说:"是不是他还想再玩一会,等一下你再问问他。"小星抱怨着说:"不对,他都玩了很久很久,一直玩一直玩,都不肯给我玩。"老师又说:"那他或许真的很喜欢玩自己的飞机。"小星继续说:"他带来的飞机不是要分享的吗?都不给我分享。"老师问:"有玩具是要分享,那小星,今天是玩具分享日,你有带玩具来分享吗?"小星为难地说:"老师,我告诉你,我的玩具很容易破的。"老师劝解着说:"小心点玩不会破,今天你要是有玩具带来,说不定小鱼儿会和你交换着分享呢。这样你们两个人都有玩具玩了,不是么?"

案例中小星知道玩具要大家分享,但是却又担心自己心爱的玩具被别人弄坏,所以不带玩具来分享。

在经验分享方面,中班幼儿分化明显,分享的动机意图不是很明确,平时表现欲强的孩子更愿意主动分享自己的才艺、本领等。分享群体单一,其分享时更愿意在自己的小群体中进行,例如带来了玩具只愿意拿给自己的好朋友分享,其他人就不可以。分享策略上表现为由不会均分到会均分。物品的分配上,均分的分享观念占主导地位。

3. 5—6 岁幼儿:慷慨期

这个时期表现的特点是:自发分享转向经验分享。

5—6 岁儿童分享意识随着经验的积累逐渐提高,已经能够考虑别的小朋友的需要,具备较清晰的分享观念。当被问到为什么把玩具分给别的小朋友时,许多儿童回答:小朋友应谦让,团结友爱。在分享的过程中利他行为越来越多,能力强的孩子可以为了同伴而牺牲自我,即使是自己没有了也愿意和同伴分享。幼儿的社会观点采择能力发展迅速,且处于去自我中心化状态,大部分孩子知道分享行为是建立良好人际关系的一种手段。

分享行为具有相对稳定性,但易受外界环境的影响。例如,大班幼儿在普通玩具分享时分享观念和行为一致,而在新颖玩具分享时,出现分享观念和行为不一致的现象;分享动机因人而异,同朋友分享时以个人功利层次的道德动机为主,同非朋友分享时以遵守规则的道德动机为主;刻板遵守分享规则,强行要求低年龄的孩子无条件地分享。

大班幼儿分享的内容也逐渐丰富,从原来的低层次的物质分享出现更多的高层次的精神层面的分享,如经验、方法等分享。例如,在游戏中,幼儿会跟同伴交流游戏的方法或者讲述通过自己努力总结出来的游戏的诀窍;在学习活动中,幼儿在集体面前大胆地表达自己的想法,把自己的所思所想自然地和同伴分享。

大班的月月在和小朋友分享自己带来的饼干。分到最后的时候,手上正好剩下一块给自己。这时候,多多已经吃完了分到的那一块,对月月说:"好好吃哦,还有没有?"月月看看自己手里的饼干爽快地说:"那我给你一半。"

贝贝带来了飞行棋,招呼着小朋友过来一起玩。最后只剩下一个空位,但是辉辉和梁梁都争着想玩,贝贝就对他们俩说:"你们石头剪子布,谁赢了,谁先玩吧。"于是,问题很快就解决了。第一局结束后,原本站在旁边的人急忙说:"我也想玩。"贝贝站起来说:"好吧,你来玩吧!"这时他看到聿聿手里的玩具,就凑过去和他玩了。

大班幼儿已具有了分享经验和意识,且处于去自我中心化状态,大部分孩子知道分享行为是建立良好人际关系的一种手段。他们已经能够考虑别的小朋友的需要,具备较清晰的分享观念,在分享的过程中利他行为越来越多,甚至能力强的孩子可以为了同伴而牺牲自己的利益。在日常生活中,大班幼儿间交往中的分享已很频繁地出现,这类分享不再是在成人的引导或提醒后出现,而是能更多地自发出现。如当幼儿发现某一幼儿正在苦苦向另一幼儿借一块积木时,他会主动拿出积木来说:"我给你玩。"又如在尝试分享图书时,幼儿会主动提出:"我要和你一起看。"或者幼儿间相互商量说:"我们一起看这本书吧"。在这个时期分享的策略也达到了顶峰,在分享的过程中他们会用自己的策略解决问题。

假期过后,妙妙第一个来幼儿园,略感生疏的她有些期待自己的好朋友乐乐来园。当她从窗户看到好朋友乐乐的身影出现时,妙妙立刻飞奔出去迎接乐乐,两人欣喜地笑,然后一起边走边聊:"乐乐,告诉你哦,今天我很早很早就醒了,闹钟都没有响。"乐乐有点责怪地说:"我也很早起来,都怪我妈妈太慢了。"妙妙继续高兴地说:"你看这是我做的假期展板,我去了三亚玩!"妙妙指着自己的旅行照片展板生动形象地讲解,和乐乐分享起自己的假期趣事,乐乐也时不时和妙妙交流着自己曾经去三亚的经历。

大班幼儿分享的内容也逐渐丰富,从原来的低层次的物质分享出现更多的高层次的精神层面的分享,如自己的经历、经验、方法等。案例中的妙妙就很享受和同伴分享自己假期经历所带来的愉悦。在分享中,双方都感受到快乐,而且也促进了两人的友情。同样,在游戏中,幼儿也会跟同伴交流游戏的方法或者讲述通过自己努力总结出来的游戏诀窍;在学习活动中,幼儿也会在集体面前大胆地表达自己的想法,把自己的所思所想自然地与同伴分享。

二、 幼儿分享行为的培养目标

1. 3—4岁幼儿:爱分享(养成分享的习惯,感受分享的快乐)

小班幼儿正处在分享行为发展的自我期。分享观念较差,独占(玩具、食物等)行为非常普遍。在此阶段,教师应在理解的基础上进行正面引导,帮助其建立与人分享食物、玩具等物质的习惯。如鼓励幼儿带食物和玩具来幼儿园和同伴一起分享,及时对有分享行为的幼儿给予表扬和肯定,使幼儿及时感受到满足和快乐,体验到与同伴分享的乐趣,激励他有更多类似的行为表现。

小班幼儿好模仿,应及时为他们树立分享的榜样,如借助生动的文学作品或故事角色形象,提高幼儿的分享意识,增加幼儿的分享行为。在此阶段,让幼儿感受与同伴共同游戏、共同分享的快乐是促进其分享意识和行为形成的关键。因此要为幼儿创造分享练习的机会,如"食物分享会""玩具来聚会"等等,鼓励每个幼儿多参与、多练习,从中体验分享的快乐。当然家庭配合幼儿园也是教育的关键。小班幼儿语言表达有限,家庭更应加强指导工作,积极配合幼儿园的分享活动。此外在家庭成员间也要多进行分享行为的熏陶教育。

2. 4—5 岁幼儿:能分享(学习分享的方法,巩固分享的观念)

中班是儿童分享观念形成的关键期。因此,教师应尽量多给幼儿创造自由交往的机会,鼓励启发他们互相交流、磋商、协调,引导他们把自己的书和玩具拿出来与小朋友一起玩、一起看。在交往和交流的过程中,把握适当的机会指导幼儿学习一些分享技能,比如主动地和别人分享玩具,大胆地向朋友介绍自己玩具的名称、玩法;玩具数量不够的时候要学会轮流分享;当同伴都想玩自己的玩具时应该如何处理,想玩别人的玩具又怎么办等等。如果幼儿掌握了分享技能和策略后,就能有效地减少分享中的冲突和消极情感体验,并且可以提高他们的实际分享的能力和水平。

同时教师还要引导幼儿多感受成功的分享体验。例如,当孩子担心玩具会被弄破时,教师应组织幼儿讨论如何爱惜朋友带来分享的玩具,如何保护玩具不被弄破;分享结束后,请幼儿谈谈自己在玩玩具时的感受,让幼儿更明确地感受到朋友在分享自己的玩具时的快乐心情,使幼儿逐渐形成"好东西可以和大家一起分享""好吃的要一起吃""好玩的大家一起玩"的分享观念,从而促进幼儿分享行为的发展。

3. 5—6 岁幼儿:会分享(理解和尊重他人,学习精神分享)

大班幼儿开始出现分享的"慷慨期",所以在此阶段,教师更应该给予他们积极的评价和鼓励,进一步提高幼儿分享的主动性,同时激发其他幼儿去模仿和学习。把"因为他喜欢(需要),所以和他分享"作为大班幼儿分享的高层次的目标。怎么才能知道他人喜欢什么,他人的需求是什么,如何处理自己不喜欢分享的物品,等等。这些实际生活中的问题都需要幼儿站在不同的角度来对待和分析。通过组织幼儿讨论和交流,逐渐提高了幼儿分享的移情能力,使他们更能理解和尊重他人的情绪及需求,更多地去感受给别人带来快乐的乐趣和自我价值。

教师还要引导大班幼儿进行更多的精神层面上的分享活动,如经验技能的分享、情绪情感的分享等,请幼儿将自己的成功经验和近期完成的作品向同伴展示;当教师有愉快的体验时,讲述给幼儿听,和孩子们一起分享。分享的乐趣会产生更多的分享动机,老师的榜样行为,也会逐渐提高幼儿的分享层次和水平。

第二节　幼儿助人行为的发展特点与培养目标

一、　幼儿助人行为的发展特点

社会心理学的许多实验研究表明,幼儿的助人行为与观点采择能力之间呈现正相关。观点采择能力是指幼儿采取他人的观点来理解他人的思想与情感的一种认知技能。观点采择能力会随年龄的增加不断提高,以此推断幼儿助人行为亦随年龄的增加而增加。但廖凤林等人采取情境实验法对幼儿助人行为进行研究,发现幼儿助人的观念会随着年龄的增加而不断深入理解,助人行为则没有。

幼儿的社会技能对幼儿助人行为也有很大的影响,社会技能较高的幼儿更容易理解他人的感受,出现更多的亲社会行为,如助人行为。性别、个体气质类型、受助者特征、情境特征、一定文化背景下的价值观和行为规范等,这些都会影响幼儿的助人行为。以下将从不同年龄段来探讨幼儿助人行为的发展特点和培养目标。

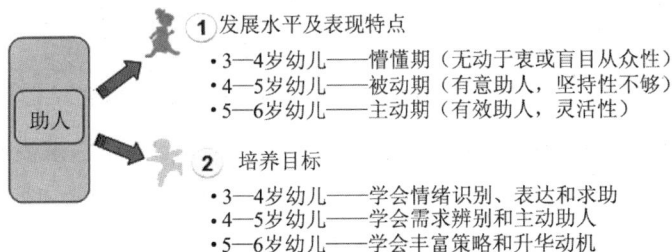

① 发展水平及表现特点
- 3—4岁幼儿——懵懂期（无动于衷或盲目从众性）
- 4—5岁幼儿——被动期（有意助人，坚持性不够）
- 5—6岁幼儿——主动期（有效助人，灵活性）

② 培养目标
- 3—4岁幼儿——学会情绪识别、表达和求助
- 4—5岁幼儿——学会需求辨别和主动助人
- 5—6岁幼儿——学会丰富策略和升华动机

1.3—4 岁幼儿：懵懂期

这个时期表现的特点是：无动于衷，模仿从众。

由于此阶段"自我中心"的心理特点，小班幼儿无法从别人角度出发考虑问题，难以觉察别人的需求或困难，缺乏助人的意识。幼儿助人行为的发展水平还处在懵懂期，偶然出现的助人行为也大多是一种无意识的模仿或从众行为，如模仿大年龄幼儿帮老师搬椅子。一个小朋友去帮老师捡东西，其他人也抢着去捡等。小班幼儿助人的动机往往受这一年龄段幼儿爱模仿心理的影响，或者是为了得到成人的关注、肯定与赞赏。

自由活动时间，小班的乐乐正在玩穿珠子，一不小心把装珠子的盘子碰倒了，珠子滚了一地。乐乐皱起了眉头，随后忙弯下身子去捡，坐在对面搭积木的贝贝听到一声响后，抬起头愣了一下，然后又低头自顾自玩了起来。左边的笑笑看到自己脚下的珠子，随即放下手里的玩具弯腰到地上捡珠子，紧接着雯雯、皓皓看到满地的珠子也加入了捡珠子的队伍。一会儿工夫，地上的小朋友有弯着腰捡的、蹲着捡的，还有直接趴着捡的，好不热闹。对面一直坐着搭积木的贝贝被小朋友们热闹的捡珠子场面打动了，终于也放下手中的积木，一起来捡珠子了。

中午饭后，沙发椅子上的布又掉落了，老师正在用钉子将其固定，小羽凑过来对老师说："老师，你累不累，我来帮你钉吧。"老师看着小羽一脸期待的模样就同意了。于是小羽拿着小铁锤，认真地钉钉子。由于手腕的力量不够，小羽有时候会敲空，有时候敲歪，敲打了很久，钉子还是纹丝不动，不过他丝毫没有泄气，不断调整自己的小手，努力地敲打着。

助人往往受这一年龄段幼儿爱模仿心理的影响，或者是为了得到成人的关注、肯定与赞赏。小班幼儿多数的助人行为是在老师的提醒和引导下发生的，因此，助人行为总体上显得较为被动。但同时，小班幼儿容易对周围环境和事物产生强烈的好奇心和求知欲，所以他们能以较积极的情绪状态帮助别人。案例中的小羽对钉钉子的活动产生了强烈的兴趣，想亲自体验一番，从他的言语和行为表现来看，外部刺激引发了他积极助人的行为。

小班幼儿遇到的困难情境根据内容不同大致分为三大类：生活自理困境、学习困境、受伤困境。当遇到困境时，小班幼儿更多是采取逃避的策略，求助的方式也比较简单。

2. 4—5 岁幼儿：被动期

这个时期表现的特点是：有意助人，坚持性不够。

要去户外活动了，孩子们在鞋柜上换鞋。托班的仔仔遇到了困难，老师就暗示着对大家说"哎呀，弟弟不会穿鞋，怎么办呢？"换好鞋的中班欣欣听见了忙对老师说："我来帮他穿。"老师微笑着肯定她说："太好了。"然后中班的欣欣就高兴地走过来帮助弟弟，她拿起鞋让仔仔的脚套了进去，或许是因为仔仔的鞋子有些紧，欣欣想把仔仔的鞋后跟拉上，但是仔仔没有配合一起用力，于是不管欣欣如何使劲，仔仔的鞋就是穿不进。试了好多次，欣欣叹了一口气，对仔仔说："你的鞋太小了。"欣欣站了起来，然后她看到其他的小朋友都在操场上玩着，就撇下弟弟下去玩了。最后换好鞋的果果看到仔仔一个人坐着没有穿鞋，就走过来帮仔仔穿，但是仍旧遇到同样的问题，鞋子稍微紧了些，穿不进去。几次试了之后，有些泄气了，就跑过来对老师说："老师我帮仔仔穿鞋，他的鞋太小了穿不进去。"老师见果果有些想放弃了，就对她说："你真棒，能主动帮弟弟穿鞋。再试试看。"果果得到了老师夸赞，再次来到仔仔面前帮仔仔穿，老师也跟过去，看后说："哦，是有点紧，仔仔，姐姐给你穿鞋的时候，你要用力哦。"果果听了后，就用力拉鞋后跟，然后也对仔仔说："用力，再用力。"在仔仔的配合下鞋子终于穿进去了，果果松了口气。老师对果果大为赞扬。果果很有成就感，继续帮弟弟穿另一只鞋。

中班幼儿渐渐开始关注同伴了,在一定程度上能意识到同伴遇到了困难,也愿意从同伴角度出发考虑问题。但仍有自我中心的特点,很多时候需要在成人和老师的提醒下,才会产生更多的助人行动,如欣欣能在老师的暗示下及时发现仔仔弟弟的需求并给予帮助。中班幼儿更关注与老师的互动,希望得到老师的表扬,因而老师的鼓励和支持也能促使他们的无意助人向有意助人转化。不过他们虽已有主动助人的意识,但相对来说还是比较被动,并且助人行为还缺乏一定的技巧,助人时常常会虎头蛇尾,坚持性不够,易放弃。如欣欣帮仔仔穿鞋,没想到用言语提示仔仔用力配合,单方面努力多次不成功,又被小朋友玩耍的热闹场景吸引了,最后就放弃了帮助仔仔。

中班幼儿还不能有意识地调控自己的行为,需要成人和老师的鼓励和引导,才能较好地完成助人行为,从中体验到助人的成就感。中班幼儿助人的动机和目的更多的是为寻找认同和赞赏,如果果在老师的提示下成功地帮助了弟弟,并得到了老师的赞赏,以后他会更乐意对他人实施帮助。

中班幼儿援助他人的方式以物质和体力援助为主,物质援助内容主要是关注他人物质需求的捐献、分享等援助行为;体力援助是指力图减少他人痛苦的行为。

中班是幼儿的无意助人意识向有意助人转化的时期,开始出现主动的助人行为,但这种有意助人缺乏技巧,往往需求助他人。4—5 岁幼儿除了关注他人生活自理方面遇到的困难,还对人际交往和物品匮乏关注较多。他们能意识到同伴遇到了困难,但很多时候需要在大班幼儿和老师的提醒下,才会产生助人行动。助人行为虎头蛇尾,坚持性不够,需要大班幼儿和老师的监督,需要刻意控制自己的行为,才能较好完成,并从中体验到助人的成就感。助人的动机和目的,是为了寻找认同和赞赏、享乐或遵从成人的要求。

3. 5—6 岁幼儿:主动期

这个时期表现的特点是:主动并有效助人,方法较灵活。

大班幼儿帮助同伴解决生活困难出现的频率比较高,似乎成了日常生活的一部分。他们对同伴学习方面的问题开始关注,更满足于解决伙伴学习方面的困难,能获得更大的成就感。随着同伴交往的发展,他们对人际关系方面的困境认知逐渐明显。大班幼儿能较好地理解事件的因果关系,能用较流畅的语言描述事件的经过,表达自己的想法和建议,能采取多样、灵活的方式帮助同伴。

洗手的时候,小班的小宝够不着水龙头,一旁的大班维维看到了就主动过去帮妹妹打开水龙头。看到妹妹的袖子没卷,就温柔地对妹妹说道:"小宝妹妹,哥哥帮你袖子卷高,这样就不会湿了。"在洗手的过程中,维维哥哥一边指导,一边帮妹妹洗好了手。洗好了之后还拉着妹妹一起出来拿杯子喝水。

美工活动制作蝙蝠,在听完介绍之后,孩子开始自由制作,安可一手拿着剪刀,一手拿着卡纸,半天都没有动手。大班的乐乐一边剪一边问:"安可,你怎么还不做啊?一会要来不及了!""可是,我不知道怎么剪啊。"安可为难地说,乐乐一听停了下来,对安可说:"你看,像我这样剪。"然后比着自己的纸剪给安可看。可是安可仍旧说:"我还是不会剪圆。"乐乐听了,就拿起安可的纸说:"我来帮你剪一下吧。"

大班幼儿行动的目的性增强,责任意识也增强了,他们中的大部分已经能够站在他人角度思考问题,所以大班幼儿助人行为出现频率相对较高。在日常生活中除了能关注他人生活自理方面遇到的困难外,还能自觉地给予帮助,如看到同伴,尤其是弟弟妹妹需要帮助时,一般都会主动助人,在助人后也有较明显的成功体验和情绪感受。同时当同伴遇到学习上的困难时,他们也不再只专注于做自己的事情,更满足于解决伙伴学习方面的困难,从而获得更大的成就感。

六六和天天为了抢滑板车正在吵着,达达听见了跑过去:"你们怎么了?""六六滑板车玩了很久了,我想让他给我玩一下,他怎么都不肯。"天天气愤地说。六六反驳说:"我还没有玩好啊!"达达听了说:"吵架是不能解决问题的,我们不是要轮流玩吗?如果你想玩的时候,别的小朋友不给你,你是什么感觉?"六六听了开始有点妥协,不是很情愿地把滑板车递给天天说:"好吧好吧,那你玩好了马上给我,不能给别人!"天天高兴地接过滑板车说:"好的。"

大班的幼儿已开始学会采用语言安慰、体贴、劝告、打抱不平等心理援助策略。采用向老师报告,或是要求他人和自己共同实施帮助等多种助人策略的人数也逐渐增多。助人动机开始趋向于认识到他人需要或内化了的助人规范。

二、 幼儿助人行为的培养目标

1. 小班：学会情绪识别、表达和求助

小班幼儿由于自身认知能力有限,常常觉察不出同伴的需求与困境,更无法对别人提供帮助。在此阶段,教师应重点帮助其建立初步的情绪认知,能正确识别同伴的表情,学会积极关注同伴,体验和感受同伴的情绪变化,促进其移情的产生,为助人意识和行为的产生做准备。

同时小班幼儿又是弱小群体,在生活中经常需要成人或同伴的帮助,但由于语言、认知、交往等能力的限制,他们通常不会主动求助。如手工活动中,小班的乔乔拿着手工作品发呆,老师过去询问原因,乔乔低声说道:"我没有剪刀。"老师告诉他:"那你要大声告诉老师,老师知道了,就会来帮助你啊!"因此,教师应鼓励幼儿进行情绪和需求表达,让他们学会在遇到困难时,主动向哥哥姐姐或教师发出求助信号,并能在他人的协助下,尝试自己完成,提高其解决问题的能力,为其以后助人行为的发展做好铺垫,即我们常说的"自助而后才能助人"。

2. 中班：学会需求辨别和主动助人

中班幼儿各方面的能力都有了一定的提高,又由于在小班时常会有哥哥姐姐和教师关心、呵护和帮助,深刻体验到被别人帮助的快乐,他们的助人观念和行为明显增多。在此阶段,教师应该多创设机会,通过情景表演、角色扮演等方法训练幼儿的观点采择能力,提高他们对困境的判断水平,能较好地觉察他人的需求,体验求助者的感受,做出较准确的判断,及时给予他人帮助。

幼儿这个阶段的助人行为渐渐地从无意助人向有意助人转化,但助人技能、技巧方面还有所欠缺,同时又由于责任意识及自控能力发展有限,因此自觉助人的坚持性较差。教师应该对他们的有意或无意的助人行为多给予关注和正强化,并教会他们更多的助人策略。除物质和体力援助外,教师也应多培养中班幼儿心理援助和求助他人的策略,通过言语和行为更多样而丰富的方式帮助他人。

3. 大班：学会丰富策略和升华动机

随着年龄的增长和经验的积累,大班幼儿已经有了较强的助人意识,看到同伴尤其是弟弟妹妹需要帮助,一般都会主动助人,在助人后也有较深刻的情感和成功体验。他们行为的有意性和坚持性都有所增强,能较自觉和主动地坚持帮助同伴。在此阶段,教师应该多创设助人的环境,激发幼儿的助人行为,增强其内心的积极体验。同时扩大他们助人的范围,丰富助人对象;通过正强化,丰富助人的策略与方法,巩固其心理和求助他人的策略,提高独立解决问题的能力。

特别要强调的是,助人行为可以由不同的行为动机所引发,诸如义务感、服从权威的意愿、期望外在的奖赏或利他等动机,利他行为是动机水平最高的助人行为。随着儿童年龄的增长,助人行为不仅在广度上和数量上有所增加,而且在性质上也有不同,它反映了助人的动机水平的不同。年幼儿童助人多数是由于享乐主义的动机或遵从成人的要求,年长儿童助人则可能出于认识到他人需要或内化了的助人规范。因此在大班阶段,教师要逐步引导幼儿从遵从外部权威的助人行为向自发的、利他性的助人行为发展。如让幼儿反思自己的助人行为:为什么要帮助别人?因为别人有需要,而且自己有这个能力去实施帮助。

第三节　幼儿合作行为的发展特点与培养目标

一、幼儿合作行为的发展特点

国内外对于合作行为的研究已经比较成熟,有了一些研究成果,如合作行为是幼儿亲社会行为中比重最大的行为,大班幼儿已经理解合作行为的基本特点等。国内外研究者还达成了以下基本共识:2—6岁幼儿都会出现合作行为。4岁是合作行为发展的关键期,在这个时期,幼儿获得更多的观点采择能力,合作行为发展迅速,在其他阶段发展相对缓慢。

① 发展水平及表现特点
- 3—4岁幼儿——空窗—萌芽期（我行我素，游离或跟从）
- 4—5岁幼儿——冲突—磨合期（各自为阵，策略单一）
- 5—6岁幼儿——竞争—协商期（喜欢群体性活动，出现领头人）

合作

② 培养目标
- 3—4岁幼儿——我们一起做（愿意跟着大家一起做）
- 4—5岁幼儿——我们会分工（学会协商分工，共同完成一件事）
- 5—6岁幼儿——我们能合作（熟练合作程序，提高合作效率）

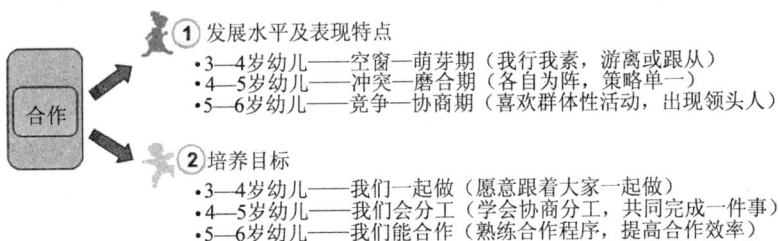

1. 3—4 岁幼儿：空窗—萌芽期

这个时期表现的特点是：我行我素，游离或跟从。

小班初期是合作的空窗期，而随着年龄的增长，到小班下学期后规则权威性认知出现了，小班幼儿就进入合作行为的萌芽阶段。他们能在老师的引导或能力强的同伴的提示下，进行简单的合作行为，如整理玩具的时候，"你来捡红色的积木，我来捡蓝色的积木"。会两人一起把玩具筐抬回去。

区域活动结束时，建构区里可儿和陶陶把所有搭建的积木都推翻，塑料积木和木头积木全部混在一块，两个人一边说笑一边随意地捡取积木，放到框里，经常会出错。看着满地的积木，老师提醒他们说："全部混在一块儿，框子里有放错的积木，怎么样才能快速地收好又不出错呢？"陶陶想了想说："有了，可儿捡塑料的积木，我来捡木头的积木。"陶陶的建议得到了可儿的认同，两个人开始有目的地收拾玩具。很快地收好后，两人又开心地把玩具筐抬了回去。

但是，在小班阶段，由于幼儿各方面的能力水平有限，如行动缺乏目的性，合作中伙伴关系不稳定，在合作过程中常常体现不出其价值所在，这些都会影响小班幼儿合作的结果和水平。

娃娃家角色游戏开始了，刚分配好"爸爸""妈妈""宝宝"的角色，"妈妈"就热情洋溢地对"宝宝"说："我去给你烧饭。"然后，"妈妈"一头扎进厨房开始忙上了。紧跟着，"爸爸"开始有模有样地去上班。而"宝宝"在家里乱窜，跑到东，跑到西，玩腻了也挤进厨房。"妈妈"就对"宝宝"说："你去外面玩，我马上烧好饭！"可是，"宝宝"根本不听，拿起刀子、叉子在蔬菜上又切又叉，忙忙活活地也开始做饭。

圆圆正在玩拼图,楚楚看见了,走到了圆圆的身边问:"我能和你一起玩吗?"圆圆点头。于是,楚楚开始从一堆拼图里寻找头绪,圆圆继续着她的游戏,他们俩都拿起拼图,在对照图的帮助下,他们找到正确的位置。楚楚找到了眼睛的位置想拼上去时,却被正在拼头发部位的圆圆挡住了,楚楚推开圆圆的手说:"你挡住我了。"圆圆说:"我要拼这里。"一来一去,整幅拼图被推倒了地上,圆圆大哭。

小朋友们分组开始建构活动,每组一大一小,只见皓皓立刻拉起欣尔问她:"我来做建筑师,你愿意当我的搬运工,帮我搬积木吗?"欣尔沉默地点点头。没过多久,"搬运工"成了忙碌的人。"欣尔,你帮我拿一个三角形吧!"欣尔马上就拿了一个三角形给皓皓姐姐,皓皓姐姐又吩咐说:"我需要长方形的,快帮我拿些长方形的积木。""好的。"欣尔认真地听从姐姐的指令。

小班幼儿的游戏以平行游戏为主,游戏中伙伴间缺乏沟通和交流。同时受语言表达能力的限制,幼儿还不能很好地说出自己的意愿和想法,这就造成小班幼儿合作认知水平较低,合作技巧匮乏。小班幼儿还不理解合作是怎么一回事,为什么要合作,所以娃娃家里会有很多"妈妈";拼图的时候,圆圆和楚楚虽然在一起拼图,但是会为了各自的目的而未能实现"合作"。

在人际互动时,一方面因在家中独断专横的习惯表现出强烈的支配欲望,另一方面交往技能尚不成熟,以自我为中心,一贯采用比较生硬、直接的方式,缺乏合作的方法,不会协商、分工与交流。比如在物质缺乏时,近半数的幼儿以强制或攻击性行为来解决,或者根本不与其他幼儿合作。也有少数小班幼儿会在得不到的情况下,用物质与同伴交换,如"你给我玩,我让你看我新买的书""我让你吃东西"等等。

2. 4—5岁幼儿:冲突—磨合期

这个时期表现的特点是:各自为政,策略单一。

中班阶段是合作意识形成和巩固期,合作策略和技能发展期。大部分幼儿明白合作是"在一起做事情",知道平行、谦让不是合作,认为轮流、分享才是合作;只有少数幼儿(不到1/3)知道"一起做同一件事",即合作的本质特征。此时,幼儿的合作归因属于以下三类。第一类,规则权威性认知。即将外界既定的规则或成人的要求作为行为选择的依据,如"这是幼儿园的规定""老师要我们这样做的""要不老师会说的"等。第二类,客观条件性认知。即基于外界客观条件的限制和要求,选择行为方式,如"积木不够""不能有两个妈妈(爸爸)""一人搬不动"等。第三类,结果性认知。即基于行为结果,包括对他人、对玩具、对游戏本身等的影响而做出的合作判断,如"不然小朋友就没法玩了""玩具会摔坏的""这样好玩、有意思"等。结果性认知不涉及行为对双方共同的影响。

中班幼儿经过一年的集体生活,感受教师引导、班级常规的约束,学习大班幼儿的榜样,逐渐学会和同伴交流合作,合作方式由强制逐渐过渡到一般性策略(分工合作、解释说明、提供物质等),开始出现亲社会行为。

此阶段幼儿合作意识明显,但欠缺合作策略、技巧,表现为合作过程中较为自我、强势。同龄间合作时冲突明显,时常争执,导致合作无法继续。与小班幼儿合作时,常表现出自顾自,大包大揽;有分工意识,但忽略了成员间的协调;能力跟不上,力不从心。与大班幼儿合作时,常表现出积极参与,能配合分工;能力较强的幼儿会有自己的想法,会提出异议并进行反抗;在任务意识驱动下,能做一些自己不愿意做的事。

在一次手掌印画的活动中,哲哲、智智、悦悦合作完成一幅画。三人商量后决定哲哲负责画,智智和悦悦负责拿出他们的小手做模特。但是在实际操作的过程中,哲哲不同意智智小手的摆放姿势,于是只听见他说:"哎呀,不是这样的。你应该把你的手指头分开来。"接着将智智的手,按照着他心里想的样子摆在画纸上。智智看到哲哲这样做,很不情愿地说:"我喜欢那样的,那样也可以的。"这时候悦悦轻轻地说:"哲哲,那我摆成这样好了。"之后,智智跑过来和老师说:"老师,哲哲说不是这样子画的。这样子画也是可以的,对不对?"老师告诉他们没有规定,可以自己商量。哲哲始终坚持自己的想法,而智智也不肯听从哲哲的想法。到最后,哲哲和悦悦在磕磕碰碰的过程中完成了一幅手掌印画。

中班幼儿已经有了基本的合作意愿,能围绕任务的主题进行活动,已出现语言上的交流和动作上的配合。但是中班幼儿依旧带有"自我中心"的影子,所以较少从他人的角度考虑问题,他们还仅仅是依靠自己的主观判断,试图进行单方面的改变,尤其是指向他人的态度和行为的改变,从而导致了合作行为中大量的矛盾冲突,出现互不相让、各自为政的现象。

建构游戏开始了,当当和元元说要一起搭运河上的桥,刚开始两个人用木头积木拼接连成了长长的运河,当当开始用半圆形的积木开始搭桥面,但是元元觉得河堤太矮了,于是将当当的半圆形积木拿了下来,并对他说:"你别搭上去,等一下,我还没有搭好。"元元就拿着半圆形积木在另一端搭,等当当搭过去的时候,当当又将其拿了下来,元元马上过来护住积木:"干嘛呀,你别把我的拿下来。"当当立刻说:"我还没搭好呢,你可以去那边再搭一座桥。"元元拿起积木就在旁边自己搭起桥,接下来去的时间里,他俩就分别搭建自己的桥。

总之,在中班阶段,幼儿的合作是在冲突的过程中逐渐磨合,合作策略将由单一向复合式逐渐发展,如告诉老师、讲道理、寻找伙伴、对抗等。但他们在解决合作冲突时更倾向于寻求老师的帮助,存在对老师、对他人的依赖性,自己解决问题的主动性、自主性相对较弱。

3. 5—6岁幼儿:竞争—协商期

这个时期表现的特点是:喜欢群体性活动,出现领头人。

大班幼儿对合作概念越来越明确,合作认知主要以客观条件性认知和结果性认知为主,共同利益性认知开始出现(即认识到合作对双方的共同影响和利益的共同满足,如"这样大家都能玩上""这样大家都可以玩好"等)。价值观性认知则处于萌芽阶段(即在合作本质理解基础上产生的内化的价值观、规范和责任,如"应该合作的""我觉得应该互相帮助""应该大家一起玩"等)。规则权威性仍然存在,但属少数现象。

大多数幼儿知道"合作就是一起做同一件事",为了同一个目的,开始更多地采用协商、邀请、请求等亲社会性的策略,如语言交流、分工示范指导等。随着幼儿社会交往技能和经验的增加,大班幼儿能够尝试各种合作策略,当一种策略不成功时,他们会根据不同的条件变换合作策略,合作水平也逐步提高。合作过程中所使用的策略也多是复合式的,语言、动作和表情等几种策略会同时或交替使用,合作过程持续较长的时间。大部分幼儿能有意识地使用合作策略,并认识到合作策略在合作过程中的作用,也较明确可以通过不同的交往技巧达到自己的目的。大班幼儿的合作过程,充满了竞争的氛围,他们会用竞争的方式选举小组长,会通过小组之间的角逐来满足成就感。

玩沙活动,老师请小朋友们一起来合作"修建大马路"。大班组的成员都挑选了一样自己喜欢的玩沙工具,"埋头苦干"起来。臣臣拿着一把玩具铲子十分专心地挖着坑,这时,杨杨也拿了一把玩具铲,准备加入其中。刚蹲下,臣臣就说:"哎呀,这个我已经快挖好了,一个人就够了,不用挖了。"杨杨说:"我也想挖。"臣臣想了想,说:"要不这样好了,前面真真她们已经挖了很长的路了,你去前面路旁边再挖一个好了。"杨杨听完,觉得这样也不错,就带着工具去下一个目的地了。

主题课上,老师请大班小朋友分组制作一幅文字迷宫。小组成员在讨论时,大家都有不同的意见。最后,A(幼儿)提议:"我们做上下结构的迷宫吧,我认识很多上下结构的字。"听完,大家就开始行动起来。谁负责画线路图,谁负责设立障碍物,小组里的每个成员都在进行着自己的任务。突然,B大声抱怨起来:"你怎么在这里画画的?"A解释道:"我不会写那个字,就用图画来表示了。"B有点激动地说:"可是我们是制作文字迷宫啊,圆圈里出现的应该都是字,不可以画画的!"

户外活动,几个女孩子在草地上学着蝴蝶飞的样子,快乐地跑着。过了一会儿,娜娜愁眉苦脸地走到老师面前,难过地说:"老师,敏敏她们不跟我玩了。"没等老师开口,一旁的女生们就拥了过来说:"不是的,是娜娜她要玩'冻人'的游戏,但是我们在玩'蝴蝶飞'的游戏,我们就让她这次先不要跟我们玩,下次我们在一起玩'冻人'。"老师看了看娜娜,问:"娜娜,是这样的吗?"娜娜点点头。于是大家就散开了。没过一会儿,娜娜又跑到老师面前开心地说:"老师,我跟她们商量过了,这次我先跟她们玩,下次她们跟我玩'冻人'!"

在合作游戏中,大班幼儿的合作游戏水平已经偏向群体化协作,幼儿自发合作的行为增多,幼儿开始以集体目标为中心,形成一个合作小团体,并按照一定计划分工行动、协商配合；出现争执时，愿意为团队利益做妥协。在不同情境下，每个幼儿合作认知的发展水平会出现不同。而此时，在合作团体中会出现一个领头人，不同的"领头人"角色，将影响到小组合作的模式与风格。

二、 幼儿合作行为的培养目标

1. 小班：我们一起做（学会合作的外显形式，学会跟着大家一起做）

小班幼儿处于合作行为发展的空窗—萌芽期。他们的游戏形式多以独立、平行游戏为主。在此阶段，教师要通过示范和引导，让小班幼儿知道合作的外显形式，即合作是"小朋友在一起做事情"。如在日常生活中，经常引导幼儿与同伴一起做事，一起整理书架、一起收拾玩具、一起游戏等等，帮助幼儿建立一定的合作行为模式，并时常用语言引导幼儿"我们一起来合作吧""合作力量大"……使得幼儿乐意和同伴一起做同一件事情，以此增进幼儿对合作的初步认识。

针对小班幼儿行动缺乏目的性，对合作过程处于盲目状态的现象，教育者在引导幼儿相互间合作的时候，最好能够考虑能力互补，充分发挥能力强的幼儿的带动和提醒作用。尤其是大小幼儿的互动合作关系，会更有利于帮助小年龄幼儿建立合作意识。

2. 中班：我们会分工（协商分工完成一件事，学会结果性归因）

中班幼儿处于合作行为发展的冲突—磨合期。此时幼儿对合作的概念有了初步的了解，即"合作就是一起做同一件事"。但是由于中班幼儿的认知发展处于具体形象阶段，很难脱离具体的情境而存在。在合作过程中，他们无法预见、制定合作计划，只能对当下的、眼前的事物做出判断，所以导致合作冲突增多。在此阶段，教师应该重点引导幼儿学习一些合作的方法，尤其是学会如何在合作中友好地分工，习得一些简单的合作策略。教师可以创设不同的合作情境，引导幼儿通过一定的讨论，懂得合作前要学会分工，让每个人都有事情可做。如在"快乐娃娃城"角色游戏中，让幼儿分组自由选择工作，并各司其职；学会用正确的方法，比如用"少数服从多数""猜拳"来解决分工合作中出现的冲突，避免独断专行，促进幼儿之间顺利合作。这对巩固和强化合作行为，进而产生更多的合作行为是极为重要的。

3. 大班：我们能合作(熟练合作程序,提高合作效率,学会共同利益归因)

大班幼儿处于合作行为发展的竞争—协商期。他们的合作意识、合作目的都变得越来越清晰。针对大班幼儿交往中领头人物及小团体的逐渐增多现象,教师要进一步渗透和强化合作内在的本质特性,如共同目标、行为配合等。引导幼儿关注和讨论合作行为对双方的共同影响,重点引导幼儿进行有效及良性的合作的方法。如教师可以设置一些合作活动,通过小组之间的良性竞争达到促进小组全力合作的目的,帮助幼儿明白只有在活动中共同协商、共同配合才能有效达成任务。在开展各类合作的游戏中,可以让幼儿交流不同合作团体间合作行为造成的差异,使幼儿明白不同的合作行为会导致不同的合作结果,如A组和B组之间分工的方法有什么不同,为什么A组要这样安排? 通过总结交流使幼儿逐渐明白,在合作过程中需要分工,但是也要考虑分工的合理性,如让每个成员做自己最擅长的事情、合作过程中要减少不必要的等待现象等,帮助幼儿积累合作经验,提高合作效率。

第三章 幼儿亲社会行为发展的影响因素

第一节 幼儿个体发展的影响

一、生物学因素

社会生物学派认为，亲社会行为是由人类物种延续的本能决定的，这些本能的反应，是要保证那些和我们基因相似的人的利益，使我们的共同基因得以存活。艾森伯格在《爱心儿童》一书中综合呈现了亲社会行为的生物学基础，在亲社会行为的发展中，生物学基因的确起到了一定的作用。她认为，人类做出一些亲社会行为是有其基因倾向的，恰恰是因为人类能够同情他人、帮助他人，才足以显示我们具有生物学上的潜能。但是毫无疑问，环境因素、文化因素等依然会形成主要的影响。幼儿个体的生物学因素，包括基因、遗传、气质等，是其亲社会行为发展的基础因素。

二、性 别

诸多研究发现，幼儿的亲社会行为存在明显的性别差异。巴尼特通过研究发现，在面对亲社会情境时，女孩的移情能力高于男孩，从而会表现出更多的分享行为。波那西奇等人的研究显示，女孩比男孩更具有合作性。查尔斯和祖尔也发现，女孩更乐于通过彼此间的言语交流、协商来达到合作的目的，而男孩的言语交流较少，更倾向于通过直接动作完成任务。艾森伯格的研究表明，女孩比较重视亲社会行为过程中的同伴评价与自我评价，而男孩则比较重视亲社会行为中自我的责任。这些研究都表明，相对而言，女孩更多地表现出亲社会行为。

三、移情能力

情绪对幼儿的心理活动会产生很大的影响,不少心理学家都认为情绪是幼儿认知和行为的唤起者、组织者。移情,是指个体对他人情绪情感的感同身受的体验。强有力的移情能引发利他的亲社会行为。例如,当看到同伴丢失心爱的玩具,幼儿也会感到难过;在看到好朋友快乐游戏时,也感到很愉悦,就产生了移情。当看到同伴丢失了玩具,集中在了对方的痛苦上,移情会推动个体去帮助同伴,成为去帮助受害者的动力。

霍夫曼把幼儿移情的发展分为以下几个阶段。

阶段1:0—1岁,物我不分。该阶段,幼儿还不能很好地区分他人和自己,常常分不清谁在经历着悲伤。

阶段2:1—2岁,自我中心的移情。幼儿无法区别他人和自己的内部状态,助人行为是"自我中心"式的。

阶段3:两三岁开始,认知的移情阶段。这一阶段,幼儿不断提高对于他人和自我的情感的判断能力,能够形成有效的助人策略。

阶段4:童年晚期以后。现实的直接情境中没有这种痛苦,儿童可以想象对方所经历的痛苦。

斯托布提出了移情因素如何影响幼儿的亲社会行为。一方面,移情情感的发生,增加了主体产生利他主义的情绪,从而产生了亲社会的动机。另一方面,移情情感激发了主体内部消极的情绪情感体验,为了降低、消灭这样的体验,产生了降低对方痛苦的动机,从而发展出了助人等亲社会行为。

第二节　家庭与社会环境的影响

一、家庭的影响

什么样的行为可以为社会所接受,而什么样的行为是被社会拒绝的,诸多文化价值观在家庭中被一代又一代地传递下去。家庭影响包括父母教养方式和亲子关系。

1. 教养方式

家庭教养方式对幼儿亲社会行为的影响,主要体现在榜样作用、管教方式、对幼儿行为的反应上。

幼儿对生活群体的模仿已被诸多研究证实,包括自然环境中以及实验室中的研究,不需赘述。幼儿往往会模仿对其生活有影响力的人与养育他们的人,某种程度上可以说是在复制父母的行为。父母或家庭中其他重要成员,通过言传身教树立供幼儿学习的榜样,榜样的形象会激发幼儿模仿的欲望。幼儿将他们如何在具体情境中体现助人、分享、合作,与自己的行为作对比,增强学习者与榜样的相似性,助于其亲社会行为的发展。当然,如果养育者一味宣扬利他而不做出表率,就难以对幼儿产生实质性的积极影响。养育者对孩子进行引导式的管教,更能促进亲社会行为。

一个 4 岁的孩子拒绝与 2 岁的妹妹分享积木,他的妹妹因此伤心地哭闹起来。这时候,如果父母看到了,他们也许会不闻不问;也许会责备这个孩子,把他关到自己的房间去;他们还可能走过来,粗暴体罚孩子。另一种情况,这个孩子的父母可能会就他的行为和他谈心,可能会说:"看,你把妹妹弄哭了",或者说:"如果哥哥不跟你玩,你会觉得怎样?"

显然,最后一种引导式的教养,明确感受和需要,将孩子所犯的错误进行分析,让孩子注意到其中的危害,认识到受害者的感觉,这些对于幼儿养成关心他人、帮助他人的习惯有着积极的作用。相反,高压式的管教,包括体罚、剥夺,通常会导致幼儿低水平的道德发展,会树立一个攻击型的榜样,他们学不会如何共情,无法把利他的价值观内化。

养育者如何对幼儿的亲社会行为进行归因,即如何对幼儿的行为进行反应,会影响幼儿对自己的认识。例如,发现幼儿一次助人行为之后,告诉他:"你真是一个会帮助人的小朋友,无论什么时候,你都那么尽力帮助需要你的伙伴!"通常把幼儿的行为归因到一个利他性的模型中,有利于幼儿保持这种行为,增加助人、分享、合作等行为的频次。

2. 亲子关系

亲子关系是指父母与子女之间的情感联系。研究发现,不同的亲子关系往往会使个体形成不同的社会性行为。父母如果以温暖、爱护、支持和扶助的方式对待子女,孩子会更容易有利他和助人的倾向。

一一的妈妈讲话轻声细语,在关于一一的问题上经常询问一一自己的想法。有一次,一一路过一家玩具店,看到新款的娃娃,非常想买,妈妈蹲下来看着一一说:"家里已经有这个系列的娃娃了,如果你继续买这个,那么看起来是很相似的。你最近赚的钱都在准备旅行基金呢,你考虑一下,如果花钱买下这个娃娃,那么旅行基金就变得几乎没有了哦。"一一低头想了一会儿,看看娃娃,又看看妈妈,妈妈微笑着等待着一一自己做决定。最后,一一平静地接受了妈妈的建议,她打算回家和大家商量一下怎样可以赚更多的基金,既不耽误旅行,又可以期待新的娃娃。

麦金农-金维斯等人认为,不健康的亲子关系主要从以下方面影响个体的社会行为。一方面是强迫,父母与子女互相强迫对方停止令人厌恶的行为。这种强迫,本身是一种负强化,加剧了亲子之间的紧张关系,而且使子女在以后的交往中也会使用这种方式。另一方面是不良的监督,父母这样的监督会引发孩子对成人的不信任感,当分歧出现就会更多地赋予对立、敌意的解释。

共情是亲社会行为的重要的感情基础,温暖安全的亲子关系更有可能使孩子习得共情,由良好的亲子关系,发散到更广的与社会其他人的交往情境中。在平等、合作、温暖、支持的亲子关系中,幼儿学习如何陈述自己的意见,表达自己的看法,得到及时的反馈,在这样的过程中学会如何与他人交往,如何互助协商,从而更可能发展出一系列亲社会行为。

二、 社会风气与媒体的影响

社会风气是人们价值观演变的催化剂,影响人们的观念和行为取向,对于价值观和人生观尚未形成的幼儿而言,影响则更为深远。幼儿缺乏辨别力和免疫力,很容易受到影响。因此,健康、纯净的环境,积极的道德氛围,对于幼儿亲社会行为极为重要。

大众传媒是传递文化和价值观的重要介质。电视、网络、电影、杂志等都对个体的社会行为具有潜移默化的影响。班杜拉的社会学习理论常常被用来解释亲社会行为的形成和发展。该理论认为,道德行为的获得是通过与其他行为的活动相同的机制来完成的,即通过直接教授和模仿过程完成。他的理论重视社会因素的影响,肯定了社会交往和电视等大众传媒在观察学习中的作用。

放暑假了,方方经常坐在沙发上看动画片,主要角色之间为了争夺食物往往大打出手,画面直接、搞笑而暴力,方方笑得前俯后仰。有一次晚饭后,爸爸带方方下楼去散步,方方看到了邻居小朋友手上拿着一辆红色的小车,好看极了,他跑过去想要玩。邻居小朋友爱惜这个新玩具,拒绝了,方方马上出手想抢,一边抢一边说:"快给我,快给我,你这个笨蛋!"这正是动画片中角色之间争夺食物时的对话……

大众传媒通过视觉、听觉多方面的维度提供直接、鲜活的榜样,对于幼儿而言是直接的学习对象。研究者发现,亲社会内容的影视节目能使观看者的行为朝亲社会方向转化,通过观看媒体中的亲社会行为,可以增加幼儿实际生活中亲社会行为出现的频率。体现人与人之间关爱、互助、合作、分享的电视、电影,能为幼儿学习、巩固亲社会行为提供生动示范和模仿对象。

三、 幼儿园环境的影响

1. 教师的影响

一旦幼儿进入了学校、幼儿园,他们有大量的时间与老师在一起,受到来自老师的影响。

在稳定、温暖的师生关系下,幼儿更愿意接受老师施加的影响。相反,如果师生关系恶化,幼儿可能会拒绝接受来自老师的任何影响。伯奇和拉德研究了师生关系和幼儿人际行为之间的关系,结果表明,亲密型师生关系与亲社会行为有较高相关性;反社会行为与冲突型、依赖型师生关系有较高相关性。老师是幼儿亲社会的榜样,温暖亲切、做出亲社会行为示范的老师通常能够培育出拥有帮助行为、爱心行为的孩子。此外,老师的言谈举止也对幼儿的亲社会行为产生影响。

2. 同伴的影响

从同伴中学到分享、帮助、关爱等行为,与从成人那里学到这些行为是不尽相同的。同伴之间在权利、地位等方面更趋于平等,任何一方都不会永远是支配者,因此同伴之间的关系更可能涉及相互平等、分享、合作等等。

对幼儿亲社会行为的发展来说,同伴关系是一个非常重要的变量,主要体现在三方面:同伴关系质量,幼儿在同伴中受欢迎的程度,人际信任。同伴关系质量高的个体,受到积极的社会榜样影响的可能性也越大,例如合作行为在好朋友之间发生的频率高于非朋友之间。高质量的同伴关系是以人际信任为中介的。同伴接受的稳定性和持久性,即在同伴中的受欢迎程度,这样的程度越高,更容易维持幼儿的亲社会行为。反之,攻击、破坏、冷漠,容易使幼儿产生社会交往退缩以及焦虑的心理。

3. 混龄环境的影响

不论是理论基础还是实证研究均证明,混龄教育有增加儿童亲社会行为的趋势。针对幼儿的亲社会行为,混龄教育带来的异龄互动对个体自身发展和同伴间关系发展均有益处。1977年,哈特普曾比较了学前儿童与同龄伙伴和异龄伙伴的社会交往。他的研究证实,在与异龄伙伴的交往中,年幼儿童与年长儿童都能在跨年龄情景中调整自我行为,两者交往策略均与同龄伙伴交往情景不同。而我国学者张燕也发现混龄班幼儿与同龄班幼儿认知发展总体水平并无显著差异,但混龄班幼儿语言和社会性发展水平较高。

研究表明,同龄幼儿在一起易产生攻击性行为;而异龄幼儿在一起活动时,年长幼儿出于荣誉感、责任心,会表现出较高水平的自觉性和意志行为。在混龄教育活动中,面对比自己小的弟弟妹妹,大班幼儿更愿意与他们分享玩具,在产生冲突时更愿意谦让。而小班幼儿通过与大班幼儿交往,其领会能力、观察能力及模仿能力均能得到增强。在混龄教育活动中,独生子女自私、依赖性强、独立性差、交往能力低等不良性格特征都能得到纠正,这有助于他们形成良好的社会性。

同时,混龄班中幼儿的心理理论发展水平更好(3—5岁期间,儿童的心理发生急剧的发展变化),而幼儿心理理论的发展的确与其社会行为(至少是亲社会行为）发展之间存在某种密切关系。

有研究者采用问卷法和实验法考察混龄教育对幼儿园 4—5 岁幼儿认知和人格发展的影响,并以受认知水平影响最大的创造性人格特质——幽默感为切入点,考察其与心理理论发展间的关系。结果表明,混龄班 4—5 岁幼儿心理理论的发展、创造性人格的发展及幽默感的发展均显著优于同龄班。

在幼儿园实行混龄教育,为幼儿营造了一种类似于兄弟姐妹聚集在一起的家庭氛围,可以弥补独生子女与不同年龄幼儿交往的不足,更多地满足幼儿的交往需要;幼儿在交流中相互学习,了解一些信息和知识,对其交往能力的发展有不同程度的促进作用。

快乐游戏时间到了,豆豆哥哥马上找到了小西妹妹,问:"妹妹,你想去哪儿玩呀? 哥哥带你去"。小西高兴地说:"我想去小厨房。"豆豆带着妹妹来到了小厨房,玩起了"开餐厅"的游戏。豆豆炒起小菜来,小西被吸引了,主动问:"这个怎么玩的呀?"自己的技能得到了关注和崇拜,豆豆看起来很高兴,非常乐意地开始介绍自己的创意和玩法。"小餐厅"吸引了越来越多的"客人",生意异常火爆。

在不同年龄段孩子活动中,孩子的团队管理能力、角色扮演能力及其协调能力都在潜移默化中得到了发展和提高。在这种类型的活动中,活动双方获得的能力和技巧都是教学实践中易被教育者忽视的。

第四章 混龄班级组建是幼儿亲社会行为培养的重要基石

第一节 混龄教育

混龄教育就是打破班级和幼儿的年龄界限,在教师的指导下共同游戏、共同学习、共同开展活动的一种教育形式。

20世纪初,欧洲很多的学校教育改革家,例如德国的贝特霍尔德·奥托、彼得·彼得森,意大利幼儿教育学家玛利亚·蒙台梭利就已经成功地实施过"混龄教育"。在国外,混龄教育是一种非常普遍的幼儿教育组织形式,美国、德国、日本、丹麦、英国等国家的学前教育普遍采用混龄编班的形式。经过多年的实践,他们将理想混龄班的特征总结如下:发展适宜性方案;异质学习者团体;整体学习观;引导儿童积极参与的活动;利用幼儿园和社区将技能应用到真实生活情境中;教师作为促进者;强调学习的过程;整合课程;灵活的班级组织形式;不断进步;真实评价。只有同时具备这些特征的班级才能称为混龄班级。关于混龄教育,人们也从价值、课程研究、支持系统等多方面进行了广泛研究。

国内关于混龄教育主要以实践研究为主,理论探讨为辅。理论上主要讨论了对混龄班教育有直接指导作用的各种理论依据,以及混龄教育对促进幼儿社会性和认知发展、提升教师教育理念和技能的影响。实践中,国内研究分布于几个方面:一是,在根据幼儿园本身的实践进行混龄教育活动的探究。二是,探讨混龄教育的环境创设问题。三是,探讨混龄教育的支持系统,研究讨论了家长、社区和社会的重要作用。综合分析,目前我国混龄教育的系统理论研究比较薄弱,仍有待进一步探索,更多的是从实践角度上吸取西方的混龄教育经验,缺乏进一步本土化;同时已有研究更多是着眼于混龄教育中个别要素,如管理方式、组织方式等的零散研究,尚未提出与各地实践对应的包括园所管理、生活安排、学习方式、课程开发等在内的全方位、系统的幼儿园混龄教育模式。

当前我国大多数幼儿园都是采取同龄编班的形式。在少数实施混龄教育的幼儿园,通常采用连续性混龄和间断性混龄两种形式,更多的幼儿园采用的是间断性混龄教育,即每天有一个固定的时间段或每周有一至两个固定的时间段,让不同年龄(一般相差 12 个月以上)的儿童在一起活动。而连续性混龄则是每天都进行混龄教育活动。

人类学家梅尔文·科恩特指出,儿童有一种天生的与非同龄人交往的倾向。人类学家阿特丽诗·怀特也指出交错年龄间的交往可以提高他们对整个社会的合作精神及责任感。幼儿不总是在单一、同年龄的群体中生活,而由年龄不同,大小不一的同伴组成的混龄群体对其更具有吸引力。蒙台梭利在其创办的"儿童之家"所进行的幼儿教育实践中发现,完全按照年龄进行分班开展教学活动会对幼儿的社会交往带来不利影响。她提出:"我们学校的经验表明了不同年龄的儿童间可以相互交往。年龄小的儿童可以看年龄大的儿童做事情并请他们进行说明解释。他们是很乐意这样做的⋯⋯因为 5 岁儿童的心理更接近 3 岁儿童的心理⋯⋯他们之间存在着一种人们在成人与幼儿之间很少发现的交流与和谐。"在这类结构更为复杂的混龄同伴群体中,幼儿不仅有同龄同伴间交往的机会,还获得了异龄同伴间互动的快乐。混龄群体增加了群体互动的复杂性和层次性,幼儿在异龄同伴交往中的角色、位置、心理体验、沟通方式的变化给幼儿提出了新的人际挑战。

混龄教育的价值,研究者们进行了较为充分的研究,普遍对其持肯定态度。研究者认为混龄教育为幼儿提供了观察和模仿、竞争和互补的机会,为幼儿社会化提供了适宜环境,发展幼儿亲社会行为、社会交往、自信、情感发展、责任感、人格发展、合作和环境适应能力等。有的研究者认为混龄组儿童的不同成熟度可减少教师对幼儿的注意和降低幼儿对教师依赖。混龄教育对教师环境创设能力、教育行为和教育机制提出更高要求,促进教师专业成长。

第二节　混龄教育与亲社会行为

卡茨的研究表明,在混合年龄小组中,一旦年长的孩子发起一个活动,就算这个活动或多或少地超过了年幼小孩的现有能力水平,但年幼的小孩还是会积极地参与。蔡斯的研究表明,在混合年龄小组,年长的孩子会自然地促进其他孩子的行为;而社会性行为,如帮助、给予和分享,在混合年龄小组中更为频繁。分享、互惠和别的合作行为和态度在混龄交往背景中会提高。E.D.斯米诺娃、T.B.古斯科娃在《学龄前儿童与同龄人交往的研究》中指出,儿童约有 60% 的亲社会行为来自同伴。余红梅在其研究中指出,混龄教育可促进幼儿社交技能的发展和提高,发展亲社会行为,学会与人共处,增强幼儿的自信心。

混龄同伴群体作为一个特定的生活环境,为幼儿的亲社会行为的实现提供了更有利的机会。首先,同龄班孩子之间的水平更为接近,相互学习的空间较为受限。在混龄班级,"分享""互助"等不再是抽象的概念,大班孩子在小班时有过被照顾的经历,面对弟弟妹妹,他们更愿意分享玩具,在产生冲突时更愿意谦让,想办法自己解决。而且当大年龄孩子意识到他们所做的一切都会被弟弟妹妹模仿时,增长了自信心和责任感,他们就会更主动地要求自己作出积极、正面的行为示范,从而更倾向于实施亲社会行为。小年龄的孩子通过与年长幼儿的交往,耳濡目染之下,其认知、观察以及模仿能力均得以增强,会以大年龄幼儿为学习榜样,表现出类似的助人、合作、分享,出现更多的亲社会行为。其次,与异龄同伴的交流扩大了幼儿的交流面,使其面临不同情境的挑战,从而学会与人交往的正确态度和技能。艾森伯格的亲社会行为理论指出,亲社会行为产生的第一阶段是注意到他人的需要。有研究表明混龄游戏能帮助幼儿克服自我中心意识。他们开始接触不同的交往对象,尤其是当幼儿与不同年龄阶段交往对象的观点不一致时,就会开始对自己和他人的愿望、信念进行思考,提高观点采择能力,增强自身的心理,从而习得交往技能。

混龄教育能促进幼儿同情、帮助、分享、责任感、成就感、领导力、规则意识等方面的发展。有利于激发幼儿社会交往的积极性,提高幼儿的交往能力,丰富交往内容和形式。另外,混龄教育对于改善幼儿的社会适应不良,补偿幼儿的发展迟缓也有一定的作用。费尔曼、拉赫和哈土普研究发现,将社会退缩的大班幼儿编入混龄组,他们与小班幼儿进行互动,可以锻炼他们的社会技能。

第三节　混龄教育的实践

2000 年,世界学前教育组织(OMEP)主席、国际知名幼儿教育家柯蒂斯女士访问中国时,对中国的独生子女教育提出建议:"如果能够把不同年龄段的孩子混合在一起开展活动,孩子们就能够互相帮助,使孩子在情感上和社会交往上得到充分的发展。"近几年,当我国独生子女社会化问题成为一种普遍现象时,不少幼儿园开始了混龄教育的尝试,而目前我国的混龄教育以"间断性混龄"即混龄活动的尝试为主,多数幼儿园还不具备严格意义上的"连续性混龄"教育的条件。

不同年龄段的孩子在活动中,团队管理能力、角色扮演能力及其协调能力都在潜移默化中得到了发展和提高。活动双方获得的能力和技巧都是教学实践中易被教育者忽视的。

浙江师范大学附属幼儿园国际部基于对上述情况的分析及考虑,从 2000 年开始采用混龄编班的形式,进行了混龄教育的探索和尝试。在这几年的混龄教育实践中,该园打破了传统班级的年龄界限,共开设了 6 个混龄班级,每个班由 2—6 岁不同年龄的幼儿组成,每班 25 人左右,一般托、小、中、大班的孩子各在 6 名左右,每班配备 2 位教师、2 位保育员。混龄班级就像一个温馨的大家庭,在这样一个家庭中,老师就是幼儿园的妈妈,孩子们像兄弟姐妹般在一起生活、一起游戏、一起学习。在这样的混龄班级中,我们真实地看到了混龄教育带来的诸多益处,比如扩大了幼儿的接触面,提供了更多的社会角色体验,促进了幼儿社会化的进程;在异龄互动的学习中,促进了幼儿智能的发展,并极大地增强了那些能力较弱或个性内向的幼儿在学习中的自信心;在潜移默化的大带小的环境中,年幼的孩子可以得到更多来自同伴的照顾,在情感上得到更多的安全感,有助于适应能力的提高。而年长的孩子在照顾别人的过程中,增强了他们的责任感和关爱他人的情感能力等。

混龄教育为幼儿亲社会行为的发展奠定了更有利的基石,主要体现在以下几方面。

1. 情境的真实性

具有个体差异性的混龄教育对幼儿发展的一大价值在于它更接近于人类生活的真实环境。人的社会性发展说到底是在"大小长幼"的社会生态环境中展开的。让不同年龄和发展水平的幼儿身处同一环境共同学习和生活,这样的混龄情境类似与一个温馨的家庭,在"家庭式"的氛围交流过程中,幼儿将自身不同的生活经验、信息,有效迁移到具体情境中,让他们理解自己所面临的各种问题,丰富幼儿认知结构,有效地产生伙伴间的认同感、亲切感,激发幼儿关心帮助他人的愿望,从而体验分享的快乐。幼儿在这样的环境下习得的本领更能得心应手地运用到现实生活中。对幼儿的社会性品质和亲社会行为发展具有积极意义。

2. 团体的异质性

在这个混龄的团体中,幼儿的个性特点、发展水平各不相同。在这样具有异质性的团体中,提供给幼儿的是与不同年龄同伴交往、合作的平台,每个幼儿都要能在其间找到自己的定位和发展空间。幼儿要学会尊重彼此的差异性,学会接纳自己和别人的不同,站在他人的角度思考。混龄活动大大增加了幼儿认知冲突的发生,为幼儿之间相互磨合、学习提供了条件。异质性团队幼儿间的异龄互动,共同促进,有利于培养幼儿亲社会行为。

3. 体验的多元性

在混龄的环境下,幼儿的生活、学习体验是多元的。在幼儿纵向的发展过程中,随着自身角色的转换,刚入园时,幼儿体验到的是被哥哥姐姐呵护、照顾的情感,慢慢地他们会将自己感受到的体会,自己看到的哥哥姐姐的榜样作用,内化表现为自己的行为,将自己的爱转移到新来的弟弟妹妹身上,尝试、学习用哥哥姐姐照顾自己的方式去照顾弟弟妹妹,将爱不断地延续下去,体验照顾他人的情感。哥哥姐姐为弟弟妹妹作出了助人、宽容的榜样,当那些得到鼓励、安慰和教导的弟弟妹妹渐渐成长时,他们也能通过模仿最终产生这些亲社会行为。

4. 关系的交互性

在混龄环境中,幼儿在班级的角色是多重的,既是集体中的哥哥姐姐,也是集体中的弟弟妹妹,他们之间的关系是错综复杂的。由于年龄的差异性,在活动中,年龄小、能力低的幼儿总能通过观察,模仿年龄大、能力较强的幼儿,从而学习、构建自己的知识结构。在交往中逐渐修正行为,辨别是非,完善性格,适应环境,促进幼儿亲社会行为的发展。维果斯基也强调儿童与能力强的同伴合作的重要性。能力较强儿童能为能力较弱儿童提供支架,这种支架很可能恰好落在能力较弱儿童的"最近发展区"。年长儿童可帮助年幼儿童强化规则意识,为解决问题和冲突提出建议,在年幼儿童的活动变得具有破坏性或发生危险时及时介入,为年幼儿童创造具有挑战性的游戏。所有这些都有助于年幼儿童亲社会行为的发展。

基于以上的实践启示,该园通过以下三条路径,循序渐进地实施幼儿亲社会行为的培养,取得了极大的成效。一是专门的亲社会主题教学;二是日常衍生教育;三是亲社会环境渗透。

第五章 促进幼儿亲社会行为的方法与途径

第一节 幼儿亲社会行为的促进方法

一、丰富角色体验

幼儿时期,由于思维的自我中心特征,他们考虑问题时往往只能从自己的角度出发,缺乏转换"社会视角"的能力,即不能设身处地地站在他人的立场,用他人的眼光看待问题的能力,也即观点采择能力有限。因此我们在培养幼儿的亲社会行为时可以丰富幼儿的角色体验,积极运用多元化的角色体验"通道"促进幼儿亲社会行为的发展。

在丰富幼儿角色体验时,往往包含真实角色的体验、生活场景中的角色体验、文学作品中的角色扮演以及社会虚拟角色的模拟等多元化体验"通道"。在混龄环境中,这种丰富的角色体验可以更自然地开展,特别是真实角色和生活场景中的体验。因为在混龄班中,天然地具有哥哥姐姐和弟弟妹妹的角色,这种角色不是老师规定或者帮助孩子假想替代进去的,而是在每天日常的活动中,孩子都可以无时无刻地体验到的。这种潜移默化的教育影响会对幼儿社会性的发展产生巨大的催化和促进作用。同时,在角色扮演的体验过程中,受到幼儿年龄和不同情境的影响,幼儿的角色是多元化的,这种多元化的角色可分为:参与者和观察者,学习者和被学习者,帮助者和被帮助者。

小班幼儿年龄小,因而亲社会行为培养目标主要定位于爱与感恩的教育,让幼儿在亲社会行为活动中,感受爱与被爱的氛围中,从关注自己的情感体验开始,来唤醒幼儿的感恩意识。角色成分更多的是参与者和观察者。

中班幼儿角色意识有了一定的提高,主要定位于幼儿关爱与分享行为的角色体验活动,让幼儿在体验中关注他人的情感体验,学着站在他人的立场上考虑问题,学会设身处地为他人着想,这时的角色可以定位为学习者和被学习者。

随着年龄的增加,大班幼儿的合作意识进入到最初的萌芽阶段,也逐渐从个性人向社会人过渡,因而随之的亲社会行为层次会更高些,主要定位于合作与助人行为的角色体验活动。

总而言之,丰富幼儿角色,让幼儿体验多元角色是非常重要且必要的。丰富角色体验可以唤醒幼儿的感恩意识,增强幼儿的分享意识,激发幼儿的助人意识,提高幼儿的合作能力以及提升幼儿的自我角色定位。而在混龄环境中,幼儿的角色身份尤为丰富,一个孩子可以同时面对比自己大或者比自己小的同伴,而且随着年龄不断增长,每个孩子都可以体验自己从最小的弟弟妹妹到最大的哥哥姐姐这样的角色转变。这种随时、经常性的角色转变,必定能为幼儿社会性的发展提供良好的契机。

二、 行为强化

对于幼儿表现出来的亲社会行为,应加以强化,才能达到培养的目的。行为强化的方式方法有很多,有正强化也有负强化,其中正面的表扬鼓励是正强化方式的一种,是幼儿教育中的一种常见的强化方式。积极的表扬鼓励中含有尊重、相信的因素,可以调动幼儿的主动积极性,达到事半功倍的效果。

在混龄环境中,亲社会行为出现的频率会更高,特别像助人这样的行为,在混龄班级中随处可见。对于这样的利他行为,教师的及时表扬和当众肯定是非常好的正面强化手段。比如,当一个大班幼儿看到弟弟拿不到茶杯,主动过去帮弟弟拿了茶杯,老师看到了马上表扬哥哥:"你帮了弟弟的忙,真谢谢你!"这样及时的表扬就是一种有效的行为强化,这样的行为强化不但能让那位助人的哥哥因为受到了表扬而提高其以后亲社会行为发生的几率,同时也对在情境中的其他幼儿产生示范的作用,以后如果有类似的助人情境,别的孩子也会这样去帮助别人,从而能促进其他幼儿的亲社会行为。

同时,在混龄情境中,因为有大班幼儿的存在,对小班幼儿而言他们可以提前参与很多在同龄环境中不会发生的情境。比如关于合作方面的亲社会行为,一般在小托班是较少发生的。但在混龄班级中,中大班孩子的合作能力已经有了发展,他们之间一些良好的合作行为对小年龄孩子而言就是一种"润物细无声"的行为榜样,这时再加上老师一次次的正面强化,那么他们的这些亲社会行为也能更早更好地得到发展。

三、模仿学习

在幼儿的亲社会行为培养过程中,榜样的作用是非常巨大的,所以我们要为幼儿提供良好的示范和榜样,以供幼儿模仿学习。社会学习理论认为,幼儿之所以能在特定情景中表现出亲社会行为,是因为他们在先前类似的情景中学会了怎样去做。榜样学习能够促进幼儿亲社会行为的机制可能有两点:一是模仿,二是内化。有实验表明,对亲社会行为榜样的观察不仅使幼儿在接下去的活动中明显增加了亲社会行为,也使他们在日后的活动中比其他幼儿更易发生亲社会行为。同时,研究也表明,同成人良好的情感联系以及成人的榜样行为会增加幼儿的助人行为。成人的榜样行为还可以增加幼儿对决定行为适合性的规范的注意。如果榜样学习过程中内化机制发生作用的话,榜样学习的结果应该能够泛化并具有一定的持久性。

在混龄环境中,会自然地产生很多的亲社会情境。因为孩子之间存在年龄差异,也非常容易树立学习的榜样,大班幼儿一些良好的亲社会行为,可以让小班幼儿有意无意地进行模仿从而促进幼儿亲社会行为的形成和发展。比如,弟弟妹妹看到哥哥姐姐在帮助自己或别的小年龄同伴,他们自然会感受到这种被帮助的快乐,当他们长大后也就容易产生助人的行为;大班幼儿一些友好的合作行为可以启发小班幼儿尝试用一些正确而有效的方法处理自己和同伴的关系;大班幼儿在分享过程中除了比较低级的物质分享,非物质(包括经验和技能)分享也开始增多,这对拓展和丰富小班幼儿的分享行为无疑也是很好的榜样示范。那么,对大班幼儿来说,他们的模仿学习就需要教师和成人给予积极的榜样示范,教师和父母既是儿童直接模仿的榜样,又是选择模仿榜样的控制者,所以教师和父母应注意在儿童面前保持良好的形象,多为他们提供良好的示范行为。

四、 情景讨论

情景讨论是指通过思考讨论产生对他人的情感体验和自我情感体验,提高对认知对象的观点采择能力的训练方法。通过情景讨论,个体不仅能更好地识别和感受他人的情绪、情感状态,设身处地为他人着想,即发展其认知观点采择能力,而且能在更高级的意义上接受他人的情绪、情感状态,即将自己置身于他人的处境,因而产生相应的情绪、情感,即发展其移情能力。

具体方法:给幼儿听情境故事。然后向幼儿提出问题,展开讨论。例如,两个人的做法中你认为谁做得最好?为什么?如果换成你,你会怎样做?为什么?讨论过程中教师指出幼儿所选的办法对别人的积极的或消极的影响,并对幼儿的积极行为进行评价和鼓励。

五、 角色扮演

角色扮演是一种使人暂时置身于他人的社会位置,并按这一位置所要求的方式和态度行事,以增进人们对他人社会角色及自身原有角色的理解,从而更有效地履行自己角色的心理学技术。

角色扮演使人们能够亲自实践他人的角色,从而可以更好地正确理解他人的处境,体验他人在各种不同的情况下的内心情感。只有一个人的内心世界之中具有了与他人相同(或类似)的体验时,他才知道在与别人发生联系时采取怎样的行为和采取怎样的态度是适当的。因此,角色扮演在发展人们的社会理解力和改善人际关系方面有着尤其重要的地位。

具体方法:先让幼儿听情境故事,然后向幼儿提出问题,要求幼儿回答。例如,如果故事中的人换成你,你会怎样做?然后让幼儿进行角色扮演,先让其扮演物品所有者,然后再做另一物品的被分享者,让其充分体验到等待分享和被分享时的感受。在让儿童进行角色示范时,让儿童仔细观察:①当别人分享时别人是何种表现?何种情绪?而别人有了这种情绪表现时,自己又是什么样的情绪体验?②当自己作为被分享者,别人给予分享时,自己有什么心情和表现?别人不给予分享时,自己又有什么心情和表现?以此让幼儿学会站在别人的角度去考虑问题。

六、 归因训练

归因训练是通过形成对行为对象动机取向正确的认识模式,改进学习者内在结构的训练方法。儿童对行为原因的归结直接影响着他的行为。归因理论认为,一个人要想把在某种特定场合表现出的习得的助人行为保持下去,就需要把助人的观念内化,这是一种自我归因。只有有了自我归因,利他行为才有持久性。

格鲁赛克等人做过一项研究,使儿童有机会把自己的东西分给需要的人。一种情况是利用观念内化形成自我归因,告诉儿童他们分出自己东西的行为是因为他们有助人的精神。第二种情况是他们分出自己的东西的行为受到表扬强化。第三种情况是什么都不说,然后使儿童有机会分出自己的东西。结果表明,归因和强化都增加了儿童的慷慨行为。进一步研究表明,第一种情况下的儿童在三周后的测验中,仍然显得乐于助人,而那些受表扬的儿童与未加处理的儿童表现相同。这说明,由于儿童有自我归因,利他行为就有持久性。通过专门的归因训练,帮助儿童消除消极的归因模式,建立积极的归因模式。

文献中报告,有三种归因训练方法:

①团体发展法。是以集体讨论的形式进行,小组成员(5—10人)在一起分析讨论行为的原因,教师引导小组成员作归因,然后填写归因量表,从一些常见的备选原因中选出与自己行为最有关系的因素并作出评定。教师对其归因和评定及时作出反馈,鼓励比较符合实际的、积极的归因模式。

②强化矫正法。让儿童在规定时间内完成具有一定难度的任务。然后,要求儿童根据任务完成情况(成功或失败)在归因量表上作出选择。每当儿童作出比较积极的归因时,随即给予鼓励或奖励(即强化),并对那些很少作出这类归因的儿童给予暗示和引导,促使他们形成比较正确的归因倾向。这个方法简便易行,关键是掌握和灵活运用适当的诱导和奖励方法。

③观察学习。让儿童看几分钟有关归因训练的录像片。片中表现儿童在完成任务后进行归因的情况,完成任务成功和失败的顺序是预先确定的。每当儿童很好地完成任务时,就给予纪念品奖励并显示绿灯,片中的教师告诉大家:

"他做对了,说明他有助人的精神。"当不能很好地完成任务时,不给奖励并显示红灯,说:"他做错了,还应更加努力,才能做对。"训练时,让儿童多次观察录像片,以强化观察学习的效果。

七、 情景再现

所谓的情景再现,原指通过设置情境、场景、人物、情节,艺术地再现某一历史事件的宏大场面,或再现某一历史人物在某一刻的心理和行为的一种表现手法。目的是通过情景再现让人能够感受到当时情景,从而引发人对当时情景的思索与思考,给读者留下想象的空间。

由于幼儿思维与语言发展的局限性,他们更喜欢形象直观的、以情境活动的表象为背景的信息材料,对更贴近自己生活经验的事件更熟悉、更有亲切感、更愿意关注。因此为了创设直观的、孩子们熟悉的自然的活动情境,教师借助于照片、录音和录像,通过回放再现当时的情景,以帮助幼儿事后追忆,并结合活动的主题进行讲解和讨论,更容易让幼儿理解和接受。

比如在分享日,如果幼儿出现好的分享行为,教师就用相机拍下或者录下他们的交往情景。在集体讨论时,通过回放再现当时的场景,以帮助幼儿回忆、理解和分析曾发生过的亲社会行为,让幼儿模仿同伴的一些正面的、积极的行为,从而来纠正自己的不恰当的行为,更好地促进小朋友之间的分享。

八、 交流评价

交流评价是一种是以小组合作学习为基础的主题学习式的小组交流评价方法。幼儿要在完成具体的活动任务后,通过和老师、同伴的交流和讨论,对自己的参与感受、参与表现、思考过程以及收获进行及时回顾和评价。评价交流的方法给孩子们提供了一个同伴间学习的平台,孩子在讲述自己感受和想法,听取他人建议的过程中不断吸收有效的新信息,学会反思自己的行为,调整自己的方式。这既能拓宽孩子的视野,打开他们的思路,又能让孩子及时发现自己的不足,并进行修正。

对孩子进行评价都要以鼓励为主,对中班幼儿更侧重"能解决",对大班幼儿则侧重"会解决",让孩子在评价中得到肯定、支持和鼓励,不断激发孩子助人、分享和合作的积极性和有效性。同时在评价过程中总结和归纳出更有效的亲社会行为的方法和策略,这样才能不断提高孩子们社会能力。

第二节　促进幼儿亲社会行为的培养途径

在混龄群体中,幼儿园主要通过以下三种途径循序渐进地实施亲社会行为培养方案。

一、专门的亲社会主题教学

1. 混龄亲社会主题独特的架构

混龄亲社会主题教育是指在混龄教育背景下借助一定的载体围绕一个目标导向,创设各种模拟或真实情境,使幼儿主动参与其中,获得亲身体验和感受;在幼儿与周围环境、与教师、与其他幼儿交互作用的过程中反思与交流,从而获得更深刻的理解、感悟和认识,并将其迁移运用到实践中解决实际问题的一种教学模式。混龄亲社会主题教育是以幼儿参与体验为核心的、以获取有价值的经验和能力为本位的教学。混龄亲社会主题教育的设计有别于其他的主题教育,具有五维联动的独特架构:

知情行合一的目标体系:包含幼儿对亲社会行为的正确认知、充分的情感体验和积极主动的行为实践,这三个维度的目标是在主题过程中达到整合的发展。

虚实结合的情景化教学:在教学过程中,教师有目的地引入真实或创设具有一定情绪色彩的、以形象为主体的生动具体的模拟场景,以引起幼儿一定的态度体验,从而帮助幼儿理解、感知,并使幼儿的亲社会行为得以发展。

主动参与的建构过程:幼儿参与建构自己亲社会行为成长需要的活动,在幼儿自主学习中,形成同伴互教、互评行为,以此来完善主题的建构和教学统整。

多"通道"的践行体验：在活动设计和开展中为幼儿开辟多方位、多角度、多元化"通道"，进行实践体验，促使幼儿亲社会行为的提升，让幼儿在丰富多样的"通道"中全面、快乐地成长。

生态化的环境熏染：营造生态式的环境，使教师与幼儿之间、教师与教师之间、教师与家长、幼儿与家长之间形成一种和谐、团结、互助的教育氛围，使幼儿、教师、家长的亲社会情感得到熏陶，从而提升亲社会行为。

（1）合作小组行动——研发机制的确立

混龄亲社会主题幼儿教育的培养方案是幼儿园以合作小组行动的形式研发的。"合作小组行动"是幼儿园培养教师专业化成长的一个创新模式。具体指在专家和园领导的带领下由数名骨干教师形成一个合作团体，在专家引领下集体设计主题方案，然后由一位一线教师实施具体方案。同时，合作小组成员全程跟踪观摩，通过录像回放、访谈、讨论等方式对执教教师每天的活动及时进行评价讨论，在各成员平等对话交流和反思的过程中，产生思维碰撞，不断完善主题方案。

合作小组行动的过程基本如下。

第一步：制定主题目标（讨论制定分享、助人或合作主题目标）；

第二步：确定主题内容（各成员分头收集选择切入的载体和内容，通过交流、筛选出最合适的内容）；

第三步：梳理主题思路（围绕目标和内容，梳理主题展开的线索或进行的方向）；

第四步：实施主题活动（执教老师设计主题活动，并在班级实施活动，合作小组成员观摩活动）；

第五步：总结交流评价（在合作小组成员对观察到、感受到的各种行为或现象加以归纳整理的基础上，对实施活动的全过程和结果做出判断评价，并为下一阶段的实施方案提供修正意见。第四步和第五步是不断重复循环持续上升的过程，一直到主题结束为止）；

第六步：主题反思与整理（对主题教育活动进行总结和反思，并由执教老师对主题方案进行整理）。

（2）混龄亲社会主题教育方案

考虑到混龄教学的独特性，我们根据幼儿不同的年龄特点，结合不同年龄幼儿的亲社会行为发展现状，充分考虑幼儿的能力及需求，巧妙地结合多个领域，渗透亲社会行为教育的内容，并设计一系列专门重点培养幼儿亲社会行为的主题教育活动。以幼儿"合作行为"的培养为例，我们设计了一系列重点培养幼儿合作能力的主题教育活动。

● **语言领域方面**

以故事表演为切入点开展的"快乐小分队之——拔萝卜"主题活动。在学习完故事后，我们让大小幼儿搭配组成一组，鼓励大班幼儿大胆创新设计角色的表演动作，引导他们根据小组成员的意愿或角色表演的难易程度进行角色分配，并带领小班幼儿一起排练故事，而小班幼儿则以模仿学习为主。通过大小孩子一起合作完成故事表演来发展孩子的合作意识和合作能力。大班幼儿在活动中起带头引领作用，学习用多种有效的方法组织小组成员参与活动，提升了团队协调组织能力；而小班幼儿也在其中初步树立了小组团队意识，愿意服从团队的安排，学会听指令做事。

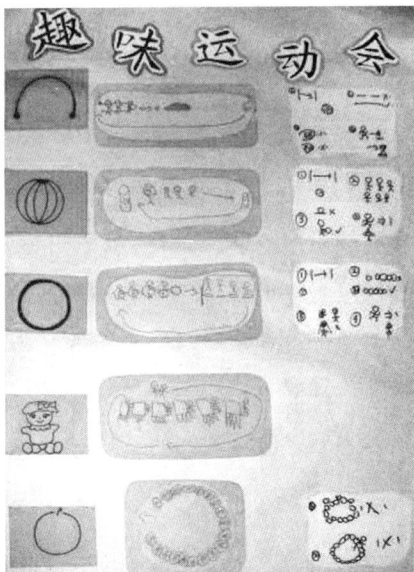

● **健康领域方面**

以合作游戏为落脚点的主题活动"趣味运动会"，由孩子们自己策划举办。在整个运动会的策划过程中，孩子们一起讨论制作邀请卡，游戏规则的说明书、赛程表等。这些任务都需要团队合作一起来完成，为孩子们合作能力的培养创设了更多的机会。在合作游戏项目的设计和筛选中,孩子们既要考虑大小孩子身体动作发展和能力水平的差异,又要针对合作游戏环节中出现的各种问题,讨论出解决方法。如火车过障碍的游戏中,一开始孩子们会随意地组合排队伍,有的小年龄孩子被排在了最后,经常会跟不上队伍。在多次实践合作之后,大年龄孩子总结出一个很好的方法:一大一小穿插排队开火车,这样在游戏中大孩子就能照顾到小年龄孩子,及时调整自己的步伐、速度,也避免了小年龄孩子掉队或游离的现象。通过这一主题活动,在实践中提升孩子们合作游戏的技能,发展了孩子们的合作能力。

火车过障碍　　　　　　　传球游戏　　　　　　　绳子游戏

● 艺术领域方面

借助打击乐活动开展的主题活动"Rainbow 乐团",以成立乐团,组建小小乐队等形式,使孩子们共同探讨、制作配乐方案、完成演奏。主题进行过程中,不仅有同龄合作的小乐队,又有异龄组合的演奏。在设计配乐方案的活动中,幼儿试着学会合理分工,学会考虑哥哥姐姐做什么?弟弟妹妹可以干什么?要如何当小组长,怎样照顾到每个小组成员的需要,让他们都有事可做?而小组成员间该如何参与讨论、积极配合?在配乐方案试演奏的过程中,没有老师带领的情况下要如何顺利完成合作演奏?这些问题情境都向孩子们提出了挑战,每一个环节每一个过程都需要孩子们的积极配合、相互合作才能达成。在完成任务的过程中,孩子们习得了更多的合作方法及解决问题的策略,从而提高了孩子们的合作能力。

一起设计乐曲配奏图谱

小组排练演奏

- **社会领域方面**

以社会性角色游戏为主线的主题活动"快乐娃娃城",从环境创设到制定游戏规则及进行游戏等各个环节,都需要孩子们的良好合作才能顺利开展,因此合作能力的培养一直是主题行进中的焦点。在主题活动中,以小组为单位(每个小组中都有大、中、小托班孩子)开展各类活动(如收集材料、布置环境、商讨角色分配),在合作完成任务和学习的过程中,提高幼儿的合作意识和技能。

合作制作材料收集表

商量分工准备材料

一起布置环境

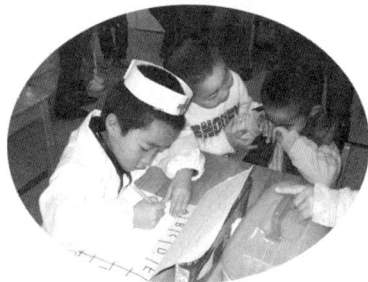

爸爸带宝宝去看病

表 5－1　培养幼儿合作能力的主题教育活动

内容		主题名称	综合性主题
亲社会主题	分享主题	★我分享我快乐 ★民间游戏馆 ★你快乐所以我快乐 快乐分享 快乐农场 爱的礼物——Angel Class 的书	快乐叠叠高 拼拼乐
	合作主题	★快乐小分队 ★趣味合作运动会 ★南瓜汤 乘着歌声的翅膀 Rainbow 乐团 多米诺骨牌	趣味编织 快乐娃娃城 洋娃娃和小熊跳舞
	助人主题	★爱在九月 ★好心眼的巨人 ★大团团小圆圆 助人大行动 助人为乐 幸福四叶草 奇哥蹦蹦	动物狂欢节 一起来跳舞

2. 亲社会主题展开"五式四部曲"

（1）主题展开"五式"法

依据混龄亲社会主题的独特特质,以科学性和多样性的方式展开主题教育。根据不同的主题目标,采用不同的形式来展开主题活动,并将此形式贯穿始终。经过实践探究和总结,现阶段浙江师范大学幼儿教育集团国际部幼儿园的亲社会主题活动展开方式已逐渐形成了自己的特色,并总结出常见的五个模式——简称"五式"法。

绘本展开式:选择一个蕴含亲社会行为培养教育点的绘本,借助绘本中的角色形象或情境内容展开主题活动。

作品展开式:选取符合幼儿年龄特点、幼儿感兴趣的、具有拓展性的文学、艺术、音乐作品或形式展开主题活动,并在主题展开中融合亲社会行为教育元素。

身边事件展开式:从每天发生在幼儿身边的亲社会事件中,选取有价值的、可拓展的内容展开主题活动。

问题展开式：依据幼儿面对的亲社会行为问题而展开一系列探究性的活动。

任务驱动式：幼儿带着一个特定的任务，在任务的驱动下进行亲社会行为的体验与学习。

（2）主题实施"四部曲"

混龄亲社会主题教学有一个特定的持续性循环上升的实施步骤：在情境体验中导入主题（唤起共鸣、获得亲社会体验）→ 在问题情境中推进主题（梳理认知、内化亲社会体验）→ 在概括提升中深入主题（提炼技巧、升华亲社会体验）→ 在实际行动中延伸主题（强化行为、践行亲社会体验）。在各个步骤中，我们总结出一些实际有效的教学策略。

第一步：以"境"唤"情"——导入主题

"境"即情境，是指为了达到一种学习目标而设置、创设的功能性的情境或环境。幼儿的情绪情感正处于发展阶段，易受环境的影响。对于幼儿来说，具体情境的展现便于感知和体验，我们常常利用各种不同的情境来导入我们的主题，这些情境围绕我们想要培养的某一个亲社会行为发展的点，来唤起他们的"情感"体验，产生移情或者共情，为主题的下一步进行打下基础。常用的情境导入有以下几种。

● 绘本情境导入

绘本作为幼儿非常愿意接受的教育载体，在幼儿园的教学中被广泛使用。在亲社会主题开展中，选择一个蕴含亲社会行为培养教育点的绘本，可以为幼儿营造出一个非常具有感染力的故事情境。绘本情境具有形象性、感染性、想象创造性的特点，画面丰富多彩，角色形象鲜明，语言生动有趣，如果再结合一些多媒体手段，配上符合画面情境的音乐制作成绘本 PPT ，就更能够使绘本情境直观形象地得以展现，有效地激发幼儿的情感共鸣，同时激活幼儿的体验。

在绘本情境导入的过程中，我们一般以集体分段阅读绘本为手段，在这一绘本阅读的阶段，我们结合绘本内容创设相应的情境，特别关注让幼儿充分感受绘本中蕴含的亲社会行为教育元素，可使用观察提问、情境讨论、角色扮演等各种策略来进行有效的引导，最大限度地激发幼儿的情感体验。

案例：

用绘本《城里最漂亮的巨人》导入的"好心眼的巨人"主题,是为了让幼儿懂得"助人不但可以让别人开心,更能让自己成为受欢迎的人"。在阅读绘本时,老师通过PPT展示巨人一次次遇到有困难的小动物,一次次把自己新买的衣饰送人的画面,并不断询问孩子以下一些问题:"巨人遇见了谁,他们的表情怎么样? 为什么?""巨人是怎么做的? 这时小动物的表情有了什么变化?""巨人把××送给了××,他漂亮的衣服少了一件,为什么他却那么高兴?""巨人到最后又变成了邋遢的样子,大家却说他是城里最漂亮的巨人,这是为什么?"当幼儿通过对绘本中角色神态、动作的细致观察,以及对这些问题的思考,他们自然就明白了:助人不但能让被帮助的人变得快乐,也能让自己变得更开心,成为大家心中最漂亮的人。

在我们的课题研究中,已开展表5-2中所列的以绘本情境导入的亲社会主题活动。

表5-2 以绘本情境导入的亲社会主题活动

亲社会绘本	绘本情境展现	蕴含的亲社会行为发展要点
《好心眼的巨人》(使用绘本名称为《城里最漂亮的巨人》)	邋遢的巨人不受人欢迎,当他买回一套漂亮的服饰后,因为路遇遭遇困难的各种小动物,而把服饰又全部送掉了。	助人不但可以让别人开心,更能让自己成为受欢迎的人。
《大团团和小圆圆》	大团团和小圆圆共同去探险,大团团不断地用各种方式帮助和鼓励小圆圆,但在大团团遇险后,小圆圆也勇敢地想办法救出了大团团。	在混龄班级中,不只是哥哥姐姐可以帮助弟弟妹妹,某些时候,弟弟妹妹也可以帮助哥哥姐姐。
《南瓜汤》	三个好伙伴一起合作做很多快乐的事,当能力最弱的小鸭想要做搅拌汤的工作而遭到拒绝后,三个伙伴如何重拾友情,更好地合作,烧出美味的南瓜汤?	真正的合作,是合作小组中的每一个成员都能尊重和平等对待合作伙伴,在分工时要自主自愿,在合作过程中要既考虑各自的喜好,也考虑各自的能力。
《圣诞老公公的魔法铃铛》	一个渴望得到圣诞礼物的孩子,如何用自己的努力,获得圣诞老公公的魔法铃铛?	分享,除了可以分享食品、玩具之外,还可以分享自己的心情、本领、经验……这些分享更有意义。
……	……	……

- 游戏情境导入

游戏情境是一种基于幼儿园游戏活动的情境,在游戏情境中,幼儿与同伴的互动真实自然,也会对共同完成某些任务更有兴趣,符合幼儿的身心发展特点和学习特点。通过教师有意识地创设某种游戏情境,让幼儿获得情感体验,这是非常有效的亲社会主题导入方式。根据幼儿园游戏的分类,我们尝试通过体育游戏、音乐游戏、建构游戏、角色游戏等各种不同类型的游戏情境,来构建一个个可以促进幼儿分享、助人、合作行为发展的平台,让幼儿在情景中能自主感受,充分体验并实施践行。

案例:

为了让幼儿理解,分享除了可以拿各种实物进行分享外,还可以跟同伴分享自己学会的本领,我们以开设"民间游戏馆"的活动,导入了主题"民间游戏馆"。老师先分享了一个自己小时候玩过的民间游戏,幼儿在游戏中感受到了别样的快乐。然后,老师布置了任务,请幼儿回家去向自己的爸爸妈妈学习一个民间游戏,然后来向大家介绍游戏,受欢迎的游戏就可以被开设成一个游戏馆,幼儿成为馆长来接待玩游戏的同伴。于是,每天都有孩子兴高采烈地一大早来到幼儿园,兴奋地召唤大家:"快来跟我玩打弹珠的游戏,这是我爸爸教我的,这个游戏是这样玩的……"在共同尝试玩各种民间游戏的快乐过程中,幼儿学会了用语言讲解、视频回放、图文解说、情境模拟等各种方法,来分享自己的游戏经验,增进了他们非物质分享的能力。

在用游戏情境导入各种主题活动的过程中,我们着重使创设的游戏情境来源于幼儿的生活,关注幼儿成长中实际需要解决的问题。这样的情境内容更符合幼儿的"最近发展区",容易唤醒幼儿的原有经验,激起幼儿的兴趣和情感共鸣,表5-3就是各班已经开展过的各种以游戏情境导入的亲社会主题活动。

表 5 - 3　以游戏情境导入的亲社会主题活动

主题名称	导入的游戏情境	蕴含的亲社会行为发展要点
趣味合作运动会	趣味玩圈、玩绳等体育游戏。	大家合作一起玩会更快乐。
民间游戏馆	爸爸妈妈小时候玩过的各种民间游戏。	分享自己向爸爸妈妈学会的本领,这样的非物质分享同样快乐。
动物狂欢节	一起欣赏"动物狂欢节"组曲,并共同创编好玩的音乐游戏。	分享自己对音乐的感受,在创编游戏中开展小组合作。
一起来跳舞	以共同编排一个集体舞为任务的韵律游戏活动。	在自编集体舞中学习和同伴合作;哥哥姐姐学习如何帮助弟弟妹妹记住舞蹈动作和队形变化。
多米诺骨牌	以多米诺骨牌为材料的建构游戏。	如何在建构游戏中更好地和同伴合作,如何悦纳游戏同伴的不同意见。
快乐娃娃城	全园打通的混龄角色扮演游戏。	在各种角色扮演游戏中,学习分享、助人与合作等亲社会行为。
……	……	……

● **生活情境导入**

生活情境是一种基于幼儿生活事实的情境。所谓的生活事实,是指幼儿园"一日生活"活动情境中存在着不以幼儿意志为转移的客观条件,而且这个条件对幼儿的体验有着至关重要的影响,幼儿亲身参与并感受真实生活的情境。生活情境,具有真实、具体、自然的特点。幼儿在真实生活中体验,在体验中生活,几乎没有教育的明显痕迹,教师没有生硬地教,幼儿也没有意识到自己在受教育,相反展现出真切、丰富、独特的感受和领悟,时时体现出幼儿与环境主动对话、自我教育的特征。因此我们充分利用幼儿现实生活真实情境来开展相关的亲社会主题。

案例:

每年的九月,是新生入园的适应期。国际部混龄的班级模式,为幼儿之间大带小的助人行为提供了丰富的情境。我们用如何在"一日生活"中帮助弟弟妹妹更好地适应幼儿园生活,让他们爱上幼儿园的生活情境,导入了"爱在九月"的亲社会主题。在这个主题里,每个孩子都浸润在混龄这样一个特殊的爱的环境中,我们让班里的中大班孩子和新生一对一结对子,大年龄孩子充当着弟弟妹妹的保护神,陪伴他们度过焦虑期,帮他们熟悉幼儿园的生活和学习。经常可以看到,弟弟妹妹来了,哥哥姐姐会去帮他们换鞋子放书包;弟弟妹妹哭了,哥哥姐姐马上拿来纸巾帮忙擦眼泪;上课、做游戏的时候,哥哥姐姐会耐心地指导自己的弟弟妹妹;吃饭睡觉的时候,好多弟弟妹妹只要哥哥姐姐陪着自己,甚至都不要老师、阿姨了……在这样的生活情境中,幼儿充分地感受着爱,感受着助人和被助的快乐,各种亲社会行为就这样反复得到了练习。

表5-4就是我们在课题开展中,以生活情境导入的亲社会主题活动。

表5-4 以生活情境导入的亲社会主题活动

主题名称	导入的生活情境	蕴含的亲社会行为发展要点
爱在九月	新生入园。	用爱心和各种行动来帮助弟弟妹妹喜欢上幼儿园,喜欢上同伴。
我分享,我快乐	分享日。	体验分享的乐趣,养成爱分享的习惯。
爱的礼物——Angel Class 的书	为下个学期要来上幼儿园的弟弟妹妹做一本介绍幼儿园和班级的书。	帮助弟弟妹妹可以有很多不同的方法;制作书的过程中需要大家团体合作。
你快乐所以我快乐	分享日,有的孩子带来的分享物不受欢迎。	分享给大家的物品,不但要自己喜欢,还应该是其他同伴也会喜欢的。
助人大行动	生活中各种需要帮助的情境。	及时觉察他人的需要,用合适的方法帮助不同的人群。
Rainbow 乐团	为了圣诞音乐会,成立一个小小乐团,演奏出好听的乐曲。	在组建小小乐团和排练乐曲合奏中,学习团队小组合作,能为了完成同一个目标共同努力。
……	……	……

第二步：以"问"启"思"——推进主题

"问"即问题情境,是指幼儿在探究或学习过程中自发产生的问题或者由教师有组织、有目地设疑置问。通过问题情境来引发幼儿表达获得的具体体验,敏锐地获取焦点体验。在问题情境的产生过程中,引导幼儿对具体体验进行系统的观察、思考、整理,此时教师有效的提问,是幼儿思考的线索和支架,也是协助幼儿对自身活动体验进行有效内化的关键。如何在主题开展过程中创设问题情境,启发幼儿思考和探究,进而推进主题的行进,我们在实践中总结出以下几种方式。

● **认知冲突引发式**

"认知冲突引发"是指幼儿已有的认知结构与新知识或新情境之间不能包容,或不同幼儿对某一问题存在不同看法的现象。在主题中,可以通过活动或环境诱发幼儿之间产生认知冲突,激发幼儿对冲突内容的兴趣,使幼儿产生要去解决的动机,进而积极主动地全身心投入到认知冲突的解决之中。例如,我们在进行主题"快乐小分队"的时候,小分队(由不同年龄段的孩子组成)一起用呼啦圈"开火车",要求是要开得又安全又有速度。由于每一个年龄段的幼儿认知水平不同,有些孩子只考虑到了速度,有些孩子只考虑到安全,有些孩子只考虑到了舒适度,一开始"开火车"很不协调,争吵声不断。在这样的认知冲突中,为了达成合作的目的,幼儿产生了思考,才开始有了更多的探索活动,尝试不同的排列组合方式,完成合作"开火车",主题因此得到不断的推进,帮助幼儿内化合作体验。

● **问题解决导向式**

"问题解决导向"是教师根据主题或幼儿自身发展的需要设置问题,在教师的引导下,通过幼儿独立思考和交流讨论等形式,对问题进行求解、发展与延伸、迁移与变形、体验,培养幼儿处理信息、获取新知、应用新知的能力。例如在进行主题"我分享,我快乐"中,某一幼儿带来分享的玩具被一个小朋友弄破了,于是教师就引导幼儿围绕"玩具破了"这一问题,通过集体交流,引发幼儿讨论,寻找解决问题的途径和方法。在寻求和解决问题的过程中来推进主题的发展,关注幼儿的分享体验及分享中的行为。

● **身边事件采集式**

"身边事件采集"是指幼儿与幼儿、教师、周围环境等之间互动时发生一些有价值的事件,教师在主题进行中及时的挖掘,并引导幼儿思考、交流、体验、提升事件中原有的价值。例如,"好心眼的巨人"主题中,有一个活动是"找一找身边的小巨人"。幼儿带着这样的问题,开始去关注同伴、家人的行为,并收集发生在身边的助人事件。教师通过引导幼儿对身边助人事件的采集和交流,启发幼儿间相互模仿学习,强化和肯定幼儿的助人行为,使幼儿获得更深刻的认知和体验,推进主题的发展。

● **个人体验回顾式**

"个人体验回顾"是指勾起幼儿对曾经或现在的经历及已有的知识经验、生活经验等的关注,并进行讨论、交流、迁移、体验,产生有价值的信息。例如在进行主题活动"爱的礼物——Angel Class 的书"中,针对问题"给新入园弟弟妹妹做一本什么内容的书"时,孩子们的想法和建议很多,于是我们侧重入园时情感的体验,将大年龄幼儿刚入园时的照片、视频进行重现,勾起幼儿对当时情景的回忆。通过移情训练,让幼儿站在刚入园的弟弟妹妹角度上考虑问题,经历这样的过程后,当幼儿再为弟弟妹妹设计和制作礼物时,就更加有感触和针对性了。

第三步:以"炼"促"技"——深入主题

"炼"即提炼、概括。我们创设多样化情境类型,利用幼儿生活的自然情境,创设基于幼儿实际生活需要解决的问题,符合幼儿"最近发展区"的特定情境,引领幼儿浸润情境。利用各种概括、提升的方法,帮助幼儿拓展经验、开阔视野,提升幼儿助人、分享、合作等技巧,并在实际运用的过程中将其内化、升华为幼儿的经验。在实际操作的过程中主要概括、提升的方法有:

● **图示演示法**(绘画、照片)

幼儿年龄小,语言概括能力和抽象思维能力有限。所以实践中,多由教师提炼幼儿的只言片语,用相对概括的语言将其表达出来,形成结论。教师总结幼儿发表的看法和想法后,将其归纳概括,并用易于幼儿理解并接受的图示直观地呈现出来,这个方法适用于一般情境。呈现的方式可以分为教师总结和幼儿自我表达两种,在不同的情况下可以采用不同的表达形式。幼儿则在师生之间、生生之间平等交流或对话的活动中互相启迪,感悟,升华体验。

例如在游戏分享活动中,性格内向的孩子在没有具体物品协助的情况下不太愿意主动给大家分享,于是新的分享方法——图示分享法就在这个时候产生了。孩子们将自己要分享的游戏用绘画的形式表现出来,家长帮忙用文字简单记录玩法,幼儿就会根据已有的图示做大方分享,分享结束后就将这些图示张贴在活动室内,孩子们

随时可以去跟墙面进行互动,老师也可以多鼓励分享者向更多的同伴介绍分享自己好玩的游戏。在游戏过程中孩子们为了吸引更多的游客还想出了画游戏海报的方式,他们尝试将自己的游戏名称、玩法、规则等用图示的方法画在海报上,并用鲜艳的色彩添画上吸引眼球的动画形象。这种图示法在孩子们中广为流传,而且孩子之间会相互分享自己的绘画心得,每次海报都会有不同的亮点。

● **语言交流法**

心理学研究表明:3—6岁是幼儿语言发展最迅速、最关键的时期,幼儿在这个时期不仅有一个良好的语言环境,而且还接受积极合适的语言训练,其语言发展的潜力得到充分挖掘。而语言交流法也是我们在日常生活中运用得比较频繁的一种互动方式,经常是老师抛出一个问题,幼儿就会根据问题情境,充分表达自己的意见。幼儿在这样的过程中一方面可以得到充分表达,另一方也在倾听的过程中吸取同伴的经验,从而不断丰富自己的活动经验。混龄的教育环境中大年龄孩子引领小年龄孩子一起模仿学习,而小年龄孩子也在大年龄孩子的引领下有了更丰富的亲社会语言及经验,这种相互影响、相互促进的关系有利于幼儿共同成长。

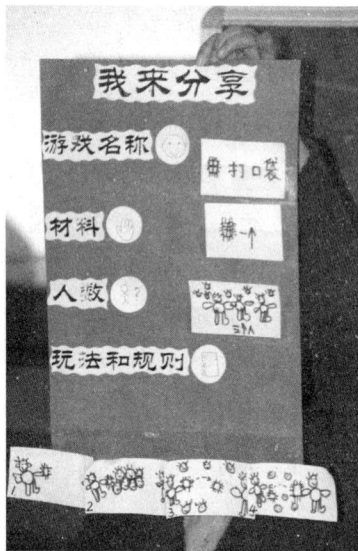

- 行动演绎法

行动演绎法是一种基于幼儿园游戏活动的情境,设计符合幼儿的身心发展特点和学习特点活动的方法。通过教师有意识地创设某种游戏情境,来让幼儿感知各种事物,获得情感体验,践行某种技能。游戏情境中,幼儿或是扮演情景角色,在模仿的情景中获取体验;或是观看某种角色表演的情境,从中体验这个角色身份所特有的行为方式和情感,促使"移情"作用,获得感知这个角色的情感和行为方式。利用游戏情境的方式促进幼儿参与实践活动,并在实践活动中感知、升华亲社会行为。

- 多媒体呈现法(照片、视频、PPT 等)

当今社会是一个快速发展的社会,多媒体对于幼儿来说并不陌生,而且多媒体的展示是一种更直观更形象的展示。主题进行中,我们可以用照片、视频、PPT 等多媒体材料,在主题活动中起导入、总结、回放等作用,孩子借助这些具体直观的媒介,可以更好地参与互动。

当幼儿出现某一良好的亲社会行为时,我们应用适当的言语及方式肯定幼儿的行为,强化其愉快的体验,从而激发其再次出现同样的行为,培养其良好的亲社会能力。

第四步:以"习"践"行"——延伸主题

"习"即练习和运用。教师在主题行进的过程中不断地变化情境,支持幼儿践行体验,让幼儿获得并积累了体验认知和感受。但是幼儿的学习是一个多元的、整体的学习模式,因此,实践体验除了在主题活动、在园生活游戏中有所体现,还应该在家庭环境、社区环境中不断延伸,让幼儿在更多的实践练习中将获得的新经验进行运用,验证其是否可行、有意义,这样才能巩固新经验。

- 家庭实践体验

家庭环境是幼儿生活的第一环境,通过家庭成员之间的交流互动,引发幼儿在轻松、自然的家庭环境中进行亲社会行为的践行,有利于促进幼儿亲社会行为习惯的培养。如表 5-5。

表 5-5　家庭实践体验

分享	亲子欢乐分享会	利用接送时间和家长讲述一件自己的最欢乐的事。
	万圣节狂欢	将自己在万圣节得到的礼物和学会的游戏和家庭成员进行分享。
	故事沙发	在沙发上,家庭成员之间互相分享好听的故事。
助人	餐桌小帮手	在进餐时间帮助家人分发碗筷等。
	助人星	在家有助人行为就可以得到一颗星星。
合作	小鬼当家	和家人一起打扫房间;整理衣柜、鞋柜等。
	厨房小达人	和家长一起完成一个菜品的制作。

● **社会实践体验**

　　幼儿生活的社区环境是教育中的大环境,社区中的人文、自然环境也影响着幼儿的亲社会意识和行为。在主题教学后结合社区活动,让幼儿投身到社区环境中,有利于巩固幼儿的亲社会行为。如表 5-6。

表 5-6　社会实践体验

分享	宝贝好声音	在社区里进行唱歌、念儿歌表演。
	宝贝好手艺	跟社区里的爷爷奶奶分享自己制作的食品。
助人	行动花瓶	宝贝在家里或者社区中有了助人行为,家长就送他一枝花,插到花瓶里。
合作	小小安全宣传员	合作制作消防安全宣传图片,在社区里发放。
	童话剧场	集体排练童话剧在社区里进行表演。

二、日常衍生教育

　　如果说专门的混龄亲社会主题的培养是起到强化教育的作用,那么日常衍生教育则是它的延伸变化,起到熏陶和潜移默化的作用。幼儿亲社会行为的教育必然要紧紧围绕幼儿的生活,"一日生活"环节、班级区域活动、全园联动游戏中,都可以将亲社会行为渗透其中。亲社会行为的日常衍生教育方面,主要通过以下几个方面来实施。

1. 小生活 大智慧——生活浸润式培养

　　在混龄班级中,我们结合幼儿在园生活的各个生活环节,有机地融合了亲

社会行为的培养,主要分为两类:

(1) 环节中透玄机——"一日生活"环节渗透培养

在"一日生活"环节中,常见幼儿有混龄状态下的互动方式,结合了亲社会行为的要求,我们时常将"大带小"渗透到每个生活环节。在分享方面,让所有孩子通过分享不同的事情来提高分享意识;在助人方面,充分发挥大孩子的能力,让能力弱的小孩子得到帮助;在合作方面,通过创设一些游戏机会让幼儿互相之间进行合作。如表5-7。

表5-7　"一日生活"环节

晨间来园	大年龄孩子和小年龄孩子一起整理教室,如照顾自然角、整理图书、整理彩笔等。	助　人
晨间活动	组织合作类游戏,大年龄孩子和小年龄孩子一起搬运游戏材料等。	合　作
盥　洗	大年龄孩子帮助有困难的小年龄孩子卷袖子、洗手。	助　人
点　心	小朋友带来食物放在点心区,供大家一起分享。	分　享
外出活动前	协助弟弟妹妹换穿鞋子,塞吸汗毛巾。	助　人
户外活动	不同年龄段的游戏材料进行共享。	分　享
午　餐	大年龄孩子鼓励和带动小年龄孩子养成良好的进餐习惯,如:不挑食、餐后整理桌面和餐具。	助　人
餐　后	大年龄孩子给小年龄孩子讲故事、带领他们一起做手工、绘画等。	助　人
午　睡	大年龄孩子帮助小年龄孩子叠被子,穿脱衣服、鞋袜。	助　人
游戏活动	组织合作类游戏包含同龄合作和异龄合作,同龄合作如:体育游戏"两人三足""齐心协力过小河""推小车""网鱼"等;音乐游戏"套圈"、语言游戏"金梭银梭"、数学游戏"按数找朋友"。异龄合作如体育游戏"大皮球小皮球""钻山洞""轮胎游戏"等;音乐游戏"照镜子""拉拉手""好朋友"等。	合　作
离园整理	大年龄孩子帮小年龄孩子一起检查或整理衣裤。	助　人

(2) 常规中显价值——常规活动培养

除了在"一日生活"各个环节渗透亲社会行为培养外,我们还设立了一些常规性的培养活动,每周或每月定期组织,这类活动包含在"一日生活"中,使得亲社会意识和行为得以有系统性、持续性地培养。如：

图书漂流：将自己的图书带来幼儿园，供班级或全园小朋友借阅，借阅者可以分享或记录自己阅读的感受。

分享日：每周设一天为分享日，分享不同的物品，如玩具、食物、才艺、新闻、心情等。

值日小分队：每天由固定的值日小分队，值日小分队由大小孩子组成，承担班级的日常工作，如分碗筷，整理教室等。

厨房小达人：每月一次生活实践活动，和同伴一起完成制作简餐，如"水果串""蛋饼盘"等。

2. 小区域 大作用——区域渗透性培养

在开展专门的混龄亲社会主题教育活动的同时，我们还延伸变化出丰富的亲社会活动，并充分挖掘其潜在的教育功能。区域活动趋于自主，教师把各项区域材料打通，让幼儿在区域活动中更加自由地进行游戏。如：

（1）营养加油站：幼儿可随时把带来的食物放在这里，供大家一起分享。

（2）情绪角：根据自己的情绪变化，随时更换和情绪相对应的图卡，便于同伴或教师及时了解，并进行情绪引导和排解。

（3）求助岛：当小朋友碰到困难的事情需要帮助，就可以去求助岛记录或发出求救信息，小朋友和老师就会给予其帮助。

（4）农夫乐园：分组在农夫乐园里进行各类种植活动，大家齐心协力照顾植物。

（5）挑战台：利用材料搭建挑战项目，小年龄幼儿可在大年龄幼儿帮助的完成更高的挑战。

3. 小游戏 大平台——全园联动游戏培养

理论和实践证明，角色游戏是幼儿亲社会行为培养的有效的方法。我园将混龄教育与社会性角色游戏相结合，开展全园联动混龄社会性游戏——"快乐娃娃城"，以此来促进幼儿亲社会行为的发展。"快乐娃娃城"是我园的特色社会性角色游戏活动，是指让全园3—6岁不同年龄的幼儿根据自己的兴趣爱好，通过班级大带小自愿组合的方式，选择在一起活动的社会性角色游戏活动。

（1）以游戏内容诱发幼儿亲社会行为

经过全体教师和孩子们的讨论调查，我们选定了以下几个社会性游戏，来促使幼儿亲社会行为的发展（如表5-8）。

表5-8　社会性游戏

娃娃体检中心	创设眼科、身高体重、口腔科等幼儿熟悉的科室，让顾客进行游戏。
Baby 剧场	创设小舞台，顾客需买票进场观看演出，幼儿也可以进行表演，并进行奖励，为有才艺的幼儿提供了一个表现的舞台。
宠物中心	提供多种毛绒动物玩具供顾客出租玩耍，并提供宠物饰品和宠物洗漱区域，供顾客进行游戏。
梦想休闲房	创设走、跳、投掷等健身区域和钓鱼等休闲区域，供幼儿进行合作游戏或互助游戏。
Rainbow 摄影中心	通过让顾客自己装扮衣饰、自主摆造型参与摄影、自己装饰相框等游戏，提高幼儿的自主游戏能力。
开心厨房	投放半成品材料，让工作人员自制厨房食材，为顾客点单、送餐、提供服务。
娃娃银行	通过拿序号、叫号、刷卡取现金等环节，让幼儿完成取钱的游戏过程。
爱心邮局	提供幼儿信封信纸，让幼儿根据自主写信送给自己喜欢的朋友。而工作人员除了引导顾客写信投信外，游戏结束还要根据班级进行分信，送信。
宝宝旅行社	将全园托班都组合在一起形成一个旅行社，由一位老师带领着去参观每个活动教室，一起玩剥毛豆，串水果串等游戏。
小小警察局	园内每次选出2名幼儿担任警察，进行日常巡逻和担任失物招领、解决同伴冲突等事务。

在全园混龄社会性游戏活动中，不同年龄班的幼儿在一起，可以大大地提高幼儿的交往范围，而且"以大带小"的这种活动形式既能让幼儿互相帮助、互相学习，以儿童教儿童，培养幼儿的爱心和责任感。既满足了大孩子那种想当小老师、大哥哥大姐姐的心理需要，增强自信；又满足了小孩子由对哥哥姐姐的崇拜而产生的好模仿、想和哥哥姐姐玩的心理需要。异龄的孩子在种种亲和、协调、合作的关系中体会不同的角色，从而弥补独生子女在家庭缺乏异龄儿童

交往的缺失。

（2）以游戏环节优化幼儿亲社会行为发展

在"快乐娃娃城"开展的各个环节中,蕴含了亲社会行为培养的契机,我们通过恰当的形式将亲社会行为的培养目标融合在各个环节中,以此促进幼儿亲社会行为的发展。表5-9是活动环节简介。

表5-9　"快乐娃娃城"活动环节简介

环　节	幼　儿		蕴含的亲社会行为培养
活动前环境布置	柔和的音乐响起,大小年龄幼儿相互配合与老师一起取出游戏材料,布置环境,摆放操作用具。		在合作布置环境中,提高分工合作的能力。
人员分配（自主选择）	工作人员	讨论分工。上岗培训:大年龄幼儿指导小年龄幼儿学习工作礼仪、体态、语言;穿戴工作服。	学习分工;互助式学习,发展有意的助人行为。
	顾客（大小结队）	准备:背好小包,分配好钱币。交流:大小年龄幼儿交流,相互了解游戏意向,并进行协商。大年龄幼儿向小年龄幼儿嘱咐游戏中需注意的安全事项;小年龄幼儿也可以提出自己的一些困惑,和哥哥姐姐商讨。	在交流中学会协商,提高参与合作游戏的能力。增强助人意识,学习解决困难的方法,提高助人能力。
游戏环节	顾客(大带小)在幼儿园内自由选择喜欢的角色区域、参与游戏。		在大小一起参与游戏活动中,促进亲社会行为的发展。
结束环节	在音乐声中结束游戏,大年龄幼儿带小年龄幼儿回教室,一起参与到自己班级区域的整理。		在合作整理中,提高合作意识和能力;增强助人意识和行为。
游戏评价	通过图表、图片回放、谈话、解困等方式进行分享交流,如:游戏中最开心的事情。在和弟弟妹妹(哥哥姐姐)游戏时遇到的困难、如何解决?如何合作游戏?		学会分享、助人、合作。

幼儿通过与不同年龄同伴的相互交往、共同活动,可以学到与人交往的正确态度与技能,克服自我中心,培养良好的亲社会行为模式,最大化地促进幼儿亲社会行为的发展。通过"快乐娃娃城"的活动,我们看到了在混龄中开展的区角游戏的优势。在情感方面,因为在大小真实情境中开展各种区角游戏,能让孩子更真切地体会到其中的互动,促进他们亲社会行为的发展。另外,大年龄幼儿为了更好地和小年龄幼儿交流沟通,能够更好地去自我中心化。

三、 亲社会环境渗透

混龄亲社会的环境教育主要包括环境创设和氛围营造。环境创设这里主要指物质环境,如幼儿园的环境创设、班级主题或区域环境的布置等。氛围营造是指精神环境营造,简单明了地讲就是指幼儿园中的人际关系和情感氛围营造。如教师和家长的教育理念、教育行为,师师关系、师幼关系、同伴关系、班级氛围及家园关系以及园风等等。环境创设与氛围营造交织在一起,它们以各种方式直接或间接地影响着幼儿亲社会行为的发展。

1. 环境创设

在幼儿亲社会行为的培养过程中,我们最大化地发挥环境的教育作用。在幼儿园,特别是班级里,随处可见教师创设的浓浓的亲社会主题和区域环境,促使幼儿与环境互动,让他们用自己的语言、作品、收集的材料,一起参与主题、区域环境的布置和展示。在这样的过程中加强幼儿对亲社会主题活动内容的感知和践行,增强合作、分享、助人等亲社会行为的体验,从而影响幼儿的情感以及亲社会行为的发展。

以下是我园在班级中所创设的亲社会教育环境:

(1) 助人树

在"好心眼的巨人"主题中,我们创设了"助人树"的主题环境,三棵会长不同颜色树叶的"助人树",激发幼儿主动地去帮助别人,并将自己帮助别人的事情按帮助对象的不同,记录在不同颜色的树叶上,并贴到助人树上:红色的叶子是帮助同伴的;蓝色的叶子是帮助成人的;绿色的叶子是帮助集体的。随着三棵助人树不断地枝繁叶茂,幼儿既能感受到身边助人事件的不断增加,也能在老师引导下关注到哪一类的助人事件还比较少,可以有效地引导幼儿去关注不同人群的需要。

（2）奇哥工作室

奇哥是我们在培养幼儿助人行为的主题"奇哥蹦蹦"中的一个形象,它象征着助人的典范。因为在主题开展中侧重引导幼儿在助人时能善于动脑并克服困难坚持到底,所以创设的奇哥工作室,除了提供各种材料,让幼儿可以自主地绘制自己模仿奇哥去助人的事件,还在墙上张贴了一些自我鼓励的词条。对于大年龄孩子来说,这样的文字刺激有不小的作用,他们常常一边画一边说着词条上的语言,并告诉别人刚才自己去助人时有没有遇到困难,是如何想办法解决,坚持完成某件助人事情的。

（3）心情花园

在亲社会主题行进过程中,我们很关注幼儿的情绪以及对情绪的表达,还引导幼儿将自己情绪、心情与他人进行分享。这些情绪、心情的分享除了可以加深幼儿对亲社会行为的体验,同时也促进幼儿丰富了分享行为,使他们的分享内容从较低水平的物质分享提升到愿意进行经验和精神分享。如,在开展关于"经验和精神分享"的绘本主题"圣诞老公公的魔法铃铛"时,教师和幼儿一起在教室的阁楼上布置了一个"心情花园"。心情花园里有美丽的花儿,有铃铛,有幼儿可以自主操作的录音机,每天幼儿可以将自己各种不同的心情以及想告诉他人的事情都通过录音机记录下来,记录后可以取得一个魔法铃铛放到自己的魔法瓶里,表示自己进行了一次分享。到中午饭后时间,其他同伴和老师可以去心情花园倾听、分享大家录下来的心情,如果听到有不开心或需要帮助的,就去关心这个同伴为什么不开心,或者帮他出一些主意以改善不好的心情。在这样一个具有私密性的小角落,幼儿既学会了表达和分享自己的情绪,也学会了能主动去关注和关心别人的情绪。

（4）圣诞老公公的魔法铃铛

在亲社会分享主题"圣诞老公公的魔法铃铛"中,教师在门口放了一个信箱,幼儿可以将自己想对圣诞老公公说的话记录下来,制作成一封信投递到信箱里,与圣诞老公公进行分享。圣诞老公公（老师及家长）收到信后,也会回信到这个信箱中。这个圣诞老公公的信箱效果出乎意料地好,孩子的童真使他们真的相信圣诞老人可以通过这个信箱和自己互动,投递信件的积极性非常高,有的孩子每天回家都会写上好几封信,第二天一早来投递。我们还会在征得孩子同意后,在集体面前进行信件的分享。通过这个简单的环境创设,我们又提供了一条可供幼儿大胆表达自己各种奇思怪想和各种心情的渠道,并使幼儿体验了寄信、收信及与大家进行精神分享的快乐。

(5)甜言蜜语窗

班级窗户也是我们环境创设的一大基地。在亲社会教育环境的创设时,我们经常把教育中出现的和主题活动中延展出的具有积极导向的语言打印成词条,配合故事中的角色形象或直接使用孩子的头像制作成"甜言蜜语窗"。比如在主题"南瓜汤"开展时,窗户上出现的就是各种引导幼儿积极合作的语言,包括哥哥姐姐可以怎么对弟弟妹妹提出建议,如"这个有点难,你想做我来帮助你吧!"弟弟妹妹可以怎么表达自己的想法或者求助,如"我想做……,让我试试吧!"而在"大团团和小圆圆"主题时,窗户上出现的就是各种互相关心、鼓励、赞美,引导幼儿互帮互助的语言,如"你不要害怕,姐姐就在你旁边保护你";"姐姐,谢谢你帮助我";等等。

(6)甜嘴巴长廊

幼儿园的长廊是孩子、家长每天必经之地,所以也成为我们亲社会环境教育的场所。如在"爱在九月"的主题中,幼儿园走廊上到处悬挂着一句句温馨的话语:"欢迎弟弟妹妹""让我来帮助你吧""哥哥姐姐我喜欢你""我们一起来玩吧"……这些语言被有效地提取出来,并在情境中反复使用。当话语变成词条张贴后,老师会带着孩子在走廊下一起认读,因为在主题活动中有了感受和积累,孩子很容易识记。而在生活实践中,幼儿还会自发地产生新的"好听的话语",教师也会及时地进行提升归纳,张贴到走廊上。

(7)灵点创意合作坊

在班级里,我们会开辟一块幼儿合作的基地——灵点创意合作坊,让孩子们一起动手绘制创作作品。如在亲社会主题"小黑鱼"进行的过程中,幼儿在灵点创意合作坊的墙上进行合作创作,分别展示了绘本故事中的三大故事场景:小黑鱼和小红鱼们快乐地生活在一起;小黑鱼在失去同伴重新上路后,遇见了各种海洋生物;小黑鱼团结又一批小红鱼合作变成大鱼,吓走了曾经欺负他们的金枪鱼。这让幼儿在合作创作中,不但重温了绘本中的故事内容,表演绘本故事,更重要的是,这样的合作美术创作活动非常有效地提升了幼儿在实际生活中的合作能力,让环境、幼儿活动、主题推进三者相辅相成,真正地互动起来。

2. 氛围营造

陈鹤琴曾说:"怎样的环境就得到怎样的刺激,得到怎样的印象。"也就是说,幼儿可以依据不同的环境,建立新的行为习惯和方式。学前儿童认识世界的一个特点就是模仿。教师与教师、教师与幼儿、幼儿与幼儿、教师与家长、幼儿与家长之间的亲社会行为及氛围都潜移默化地熏陶着我们的孩子,所以幼儿园一直非常重视人文环境的建设和营造。国际部的全体老师、班级、孩子、家长其实就是一个个不同成员组成的群体和团队,如何提高这些群体和团队的凝聚力,增加团队精神,营造一种"和谐融洽、团结协作、互帮互助、乐于共享"的团队氛围和文化,很重要的一点就是借助活动的力量,在各种各样的活动中引领教师、家长及孩子们的理念、促进不同团队文化的良性发展(如表5-10)。

表5-10 校园亲社会文化建设系列活动

关系	内容	说明	作用
同伴	小分队活动	在混龄班级以小组的形式开展的常规活动,如值日小分队、菜园小分队等。	形成良性的合作氛围、提高团队的凝聚力。
	分龄活动	各混龄班幼儿中同年龄段的孩子在一起活动。	扩大孩子的交往圈,增进幼儿的人际交往。
师幼	教师礼仪: 一笑二蹲三拥抱; 理念交流、学习活动	微笑面对孩子、蹲下来和孩子说话、每天给孩子拥抱。 定期开展关于师幼亲社会行为氛围营造的经验和理论学习会。	建立良性的师幼互动关系。

续　表

关系	内容	说明	作用
师师	策划智囊团	以老、中、青教师组合成一个策划团,其他教师全力配合。	学习自我管理,形成一种团结协作的氛围,提升团队合作能力。
	参与式教研活动	每周教师参与研讨的教研活动。	互帮互助、共同进步。
	合作小组探究	在专家或园领导带领下由数名一线教师参与其中形成一个合作团体,围绕一个指定内容进行探究行动。	
	圣诞神秘礼物	圣诞节为神秘朋友送礼物。	分享、关注他人、增进感情。
	教师风采	根据不同主题内容展开的教师才艺分享活动。	分享、展示、交流。
家园	三八排球赛	妈妈和教师共同参与的排球比赛活动。	增进了家园之间、家长之间的相互沟通,建立团结、合作与融洽的群体氛围。
	爸爸篮球赛	以班级为团队进行的爸爸篮球赛。	
	大型活动演出	由家长自愿参与的各类表演活动,如圣诞节、万圣节、运动会、毕业典礼上的演出。	
	妈妈俱乐部	由俱乐部发起的健身、郊游等活动。	
	家委会	参与幼儿园的教育管理活动。	增强家园合力。
	亲子活动系列	以班级或全园进行的各类亲子活动,如亲子运动会、丛林大冒险(和爸爸一起去远足)、登山活动等。	增进家长之间的相互沟通、促进亲子间的感情交流。

下

篇

XIAPIAN

第六章 促进幼儿分享行为的案例分析和活动方案

第一节 分享行为培养方法案例

一、角色扮演法

案例1：

小班的萱萱是一个爱唱爱跳的小姑娘。可是每次午餐后,进行本领分享的时候,她总是不肯上来,扭捏着身体,嘴里嘀咕着:"我不要,我害羞。"即便老师和小朋友用了鼓励的语言、好吃的食物引导她,她都不愿意。

有一天,萱萱穿了一套公主裙来幼儿园。晨间活动时她画了一幅画,开心地告诉我说:"我在上面签名了,我是月亮公主,所以我在上面画了一个月亮。""哦,原来你是月亮公主呀!"饭后又到了分享时间,在两个哥哥姐姐分享好自己的本领后,我扭头对大家说:"谢谢哥哥姐姐的分享,接下来请月亮公主给我们唱《小鸭子》的歌吧。"萱萱开心地站了起来,拉拉裙子走到了前面,大方地唱起了歌。从此以后,我都叫她月亮公主了。

案例2：

"大家早上好! 我是你们的好朋友巧虎!"晨间谈话活动中,老师一边戴着巧虎手偶,一边和小朋友们互动。"今天,我想和大家分享一件趣事,这件事情发生在寒冷的冬天……""你们喜欢我带来的趣事吗?""你们有什么想和巧虎分享的吗?""巧虎,我告诉你,我昨天晚上吃了两碗饭呢!"小男孩源源站起来大声地说道。"哇! 巧虎想给你送一个大拇指!"老师一边说着一边用巧虎给源源比了一个大拇指。源源得到巧虎的表扬,脸上乐开了花。"巧虎,我告诉你,我学会了一首新的歌曲,唱给你听好吗?"就这样小朋友们乐此不疲地和巧虎分享着自己的喜悦、自己的进步。

分析:分享行为在小班已初现端倪,但多数幼儿自我中心意识强烈,分享意识淡薄。在分享活动中表现出退缩、害羞等行为。作为教师要学会利用多种形式、通过多种渠道来帮助幼儿学会分享,降低自我中心意识,养成良好的分享习惯。所以,我们充分利用了幼儿园的混龄的优势,通过各类游戏,在哥哥姐姐们的影响和带动下,激发小班幼儿大胆、快乐以及主动分享的意识与行为。

在以上案例中,教师采用了角色扮演的方法。角色扮演是一种使人暂时置身于他人的社会位置,并按这一位置所要求的方式和态度行事,以增进人们对他人社会角色及自身原有角色的理解,从而更有效地履行自己角色的心理学技术。在混龄环境中,教师根据幼儿的兴趣来命名他的身份。借助该方法,能够缓解小班幼儿分享时表现出的紧张情绪,并借助相应的角色扮演,激发小班幼儿分享的意识和行为。并通过借助哥哥姐姐的正面强化的语言,鼓励小班幼儿进行大胆地分享,以此达到教育的目的。

二、行为强化法

案例1:

老师带着小朋友们在草地上玩"寻找失落的星星"游戏,孩子们拿着星星盒在草地上、大型玩具边、沙坑边到处寻找。等大家回来时,有些孩子找了五六个,而有些则空手而回。当老师说拿星星可以换巧克力的时候,星星盒里没有星星的小朋友都差点急哭了。老师对大家说:"有些小朋友没有找到星星,又很想吃巧克力,有什么办法呢?"中班的平平说:"老师,我有3个星星,我给笑笑妹妹一个。"老师回应道:"哇,平平真是一个善良的好姐姐,真有爱心呀。"大班的可可哥哥也说:"老师,我有5个星星,我给元元弟弟2个。"老师笑眯眯地对小班元元说:"弟弟,可可哥哥对你真好,赶快说谢谢。可可哥哥真是一个爱分享的好哥哥呀。"元元刚对哥哥说了谢谢,一转身,真真姐姐又给了他两个。直到换巧克力的时候,老师发现丁丁弟弟还没有星星:"咦,丁丁,你怎么还没有星星呀?"小班元元连忙挤到丁丁面前,对丁丁说:"丁丁,我跟你分享,我还有星星!"

案例2：

9月开学季,新生还有一些入园焦虑的表现。这天早上小班依依妹妹抱着妈妈的手臂不愿意松开,老师一边从依依妈妈手里抱过依依,一边安慰依依:"哥哥姐姐都在里面等你了呢! 妈妈下班就来接你哦!"这时一旁的大班姐姐可可朝我们走来:"依依妹妹,这是我的爱莎公主,她还会唱歌的哦,给你玩儿吧!""谢谢可可姐姐,爱莎公主好漂亮哦!"看到美丽的爱莎,依依马上破涕为笑了。"可可姐姐真是一位爱分享的大姐姐,因为你的大方分享,依依妹妹都忘记想妈妈了呢! 老师真想给你一个大大的拥抱。"说完,老师走过去给了可可一个大大的拥抱,可可的脸上露出了满足的笑容。

分析：当孩子们出现了一些积极的社会性行为的时候,教师要很敏锐地捕捉并予以言语和行动上的表扬、鼓励等正强化的方法来给孩子回应。如微笑地点头注视、拥抱、竖大拇指、摸摸头等,或者夸奖"你真棒""你真懂事""你是好样的"等。正面、及时、当众表扬效果更佳。而对于小班幼儿而言,可以起到替代性强化的作用,看到哥哥和姐姐做了好事被表扬,下次他就可能模仿着做。持续的强化会使得亲社会行为更牢固和稳定。

三、 模仿学习法

案例1：

放学后,还有几个孩子没家长来接。小班的亮亮拿出了蔬菜小饼干放在桌子上开始吃,小班浩浩走过来,凑到亮亮旁边:"亮亮,你的饼干是蔬菜味的吗?""嗯,是的,我奶奶放我书包里给我吃的。"亮亮还是在认真地一口一口地啃着。浩浩控制不住,把手伸向亮亮的饼干袋子,嘴里嘀咕着:"亮亮,给我也吃一片吧,我有点饿了。"亮亮连忙把饼干袋子口压住,嘴里大叫:"不行,不行,这是我的! 老师,老师,浩浩拿我的饼干!"老师看了看亮亮一大包的饼干,对亮亮说:"亮亮,你可以跟小朋友一起分享蔬菜小饼干啊!"亮亮很使劲地护着饼干。这时,旁边的欣欣姐姐从书包里拿出了山楂片,对浩浩说:"浩浩,姐姐有山楂片,是我妈妈给我的,我跟你分享。"说完给浩浩递了一小包,也给老师递了一小包。

欣欣包里空了,她满意地拉上了书包拉链。老师打开山楂片说:"欣欣姐姐,你真爱分享,我也跟你分享山楂片吧。"欣欣和老师一起吃山楂片。浩浩也打开山楂片说:"欣欣姐姐,我也跟你分享。"亮亮看到我们在分享,也凑了过来。老师说:"亮亮,你想跟我们一起分享山楂片吗?"亮亮点点头,老师给了亮亮一片山楂片说:"亮亮,你要谢谢欣欣姐姐,她是爱分享的姐姐。"亮亮道完谢,连忙跑到桌子边上拿了自己的饼干袋子,对大家说:"跟你们大家一起分享蔬菜饼干吧!"

案例2:

午睡时间到了,小朋友们陆陆续续来到了午睡室。"小宝,姐姐来教你怎么折衣服。"中班的闹闹姐姐走到小宝弟弟旁边。"好的。"小宝弟弟对着自己努力了很久都没有折整齐的衣服爽快地答应道。"先把衣服摊摊平,再把左边手臂弯进去,再把右边手臂弯进去,然后弯弯腰,衣服就折好了。"闹闹一边解说一边示范着,很快小宝弟弟就学会了。而且,因为刚刚学会一项新本领,小宝弟弟不厌其烦地一遍又一遍地折着自己的衣服。这时候,小宝看到一旁的小班小伙伴小迪也不会折衣服,于是,就主动地上前帮忙:"我来教你怎么折衣服吧。"闹闹把自己的本领分享给了小宝,小宝学会了这个本领后又模仿着闹闹的样子,把本领再分享给了他的小伙伴。相信小伙伴们都能从这些模仿中分享到更多的本领吧。

分析:分享日,更能直观地感受到各个年龄段幼儿的分享水平与能力的差异。分享活动中,总是能够发现小班幼儿的独占意识比较强烈,很少会主动带物品来幼儿园和小朋友们分享。而当分享活动中,他们看到自己喜爱的物品就会表现出强烈占有欲望和行为,其主要原因是缺乏适合的交往技能技巧。所以,帮助小班幼儿懂得分享的技能技巧刻不容缓。

以上案例中,教师使用了"模仿学习"的方法,榜样学习能够促进幼儿亲社会行为的模仿和内化。所以,教师没有直接对幼儿的拒绝分享行为作出评价,而是借助大班幼儿和教师自己的分享行为、语言来引起幼儿的注意,继而用正面的结果强化其分享意识。为了使小班幼儿能够直观地学会该分享方法,教师就会建议其模仿大班姐姐使用的"分享魔语",帮助其使用正确的分享技巧,并且在得到正面回应之后,促进其学会分享。

四、情景再现法

案例1：

这一次的分享日主题为"汽车世界"，孩子们带来了很多好玩的小汽车，小班的小宇带来了两辆很小的汽车放在自己的抽屉里。小朋友们各自交换大大小小的汽车，并在积木搭出的"马路上"欢快地开来开去。小宇站在抽屉边上，看着小朋友玩不同的汽车，不时地露出的笑容。老师走了过来问："小宇，你的汽车呢？"小宇看看老师，又看看抽屉，说："我不想玩。"老师又说："你带汽车来了吗？"小宇打开抽屉，给老师看："我带来了两辆汽车，一辆是蓝色的翻斗车，一辆是搅拌车，红色的。"老师说："那你可以拿出来开过去，跟大家一起玩吧。"小宇连忙关上抽屉说："我不要！"说完，他又守护在抽屉边上，眼神逃避老师，继续看着小朋友笑了。

老师让大班的乐乐拿遥控的敞篷跑车去找小宇玩。乐乐走到小宇面前，小宇目不转睛地盯着红色的汽车看。乐乐说："小宇，要跟我一起玩遥控汽车吗？"小宇点点头。乐乐又说："小宇，你带汽车来了吗？"小宇连忙转身，拉开抽屉，拿出两辆小小的车说："我带了翻斗车和搅拌车。"乐乐继续说："我们两个交换玩玩可以吗？"小宇点点头，把两辆车递给乐乐，走到教室外面的走廊上去玩了。这一切正好被老师的照相机拍了下来。

分享活动后，要交流讨论了，老师给大家播放了这些照片，问问小朋友，看到了什么，有什么样的感受。问了乐乐用了什么方法来跟小宇一起分享，又问了小宇，独自站在抽屉边上看别人玩，和跟乐乐一起分享汽车玩有什么感受上的差别。

案例2：

晨间活动时间，优优拿着从家里带来的巧虎在阅读区看书。乐乐看到后走了过去，"优优这是你家里带来的吗？真可爱！""是的，是我过生日的时候，外婆送给我的生日礼物。"优优一边看书一边回答道。"我也很喜欢。"乐乐继续说道。"那我借你玩一下吧，但是不能弄破掉哦。"优优说完把巧虎递给了乐乐。乐乐高兴地拿着巧虎开始玩儿了。因为老师刚好看到了这个场景，所以就用手机视频的方式记录了下来。

中午饭后的分享时间,老师将这段视频拿出来和大家一起分享,并且引导孩子们观察优优和乐乐的互动行为及对话,帮助孩子们总结与人分享的经验。

分析:"情景再现"借助于照片和录像,再现当时的情景,以帮助幼儿和老师进行事后追忆,提高幼儿自我判断和评价能力。在分享日,如果发现幼儿之间有良好的分享行为,教师可以用相机拍下,或者摄录下幼儿之间的言语交流,表情动作。在集体讨论时,通过回放,再现当时的情景,以帮助幼儿回忆、理解和分析曾发生的好的分享行为,更好地促进小朋友之间的分享。通常录像回放的形式更适合小班幼儿,而大班幼儿则可以使用照片形式。

五、 情景讨论法

案例 1:

大班幼儿一起在做益智游戏。小朋友们手中拿着作业纸,上面画有三个浴缸,旁边分别站着大象、老鼠、熊猫,这道题的问题是:图中的浴缸都是满的,哪个动物爬进浴缸,水溢出最少? 小朋友们陷入了沉思,好一会后,珊珊举手后说:"老师,我觉得是大象。因为大象个子很大,站到浴缸里,水就会流出来很少。"珊珊说完,有的小朋友点了点头表示同意。这时,杨杨的手举了一下,又迟疑地放下了,老师问:"杨杨,你有不同的意见跟大家分享吗?"杨杨看着图片,又看看老师,说:"我觉得是老鼠。""不可能,老鼠那么小。"臣臣接话说。"没关系,说说你的想法。"老师鼓励杨杨。"老鼠这么小,这个浴缸是满的,他跳进浴缸里,浴缸里也就只流出一点点水。"杨杨断断续续地说完自己的看法。大家沉默了一会,珊珊用手摸了摸下巴说:"我觉得杨杨说的有道理。小老鼠小,跳进浴缸里,水就出来一点点,大象大,跳进浴缸,水就出来很多很多了。"老师微笑着看着大家说:"在学习中,小朋友可以一起讨论,积极地说出自己的想法,主动与大家分享、沟通和探讨,这样我们才会了解不同的想法和理由。通过对比,才更清楚自己想法的对错,是否有考虑不周全的地方,这样才能学习到更多的知识,结交更多的朋友。"

案例 2：

玩具分享日,孩子们都把自己最喜欢的玩具带来了幼儿园。吃完午饭,孩子们就开始了快乐的分享时间,这时小班妞妞却一脸不高兴地跑过来告状："老师,康康的玩具不给我玩。""哦? 他今天带来了什么好玩的玩具啊?"老师蹲下来和妞妞互动。"是一个会唱歌的电话。""你很想玩他的这个电话,是吗?""是的,我家里没有这样的玩具的。""那可以去试着和他商量一下啊,你可以问他'你的玩具真好玩,可以借我玩一下吗?'"说完,妞妞就去康康了,"你的玩具真好玩,可以借我玩一下吗?""不行,我还没有玩好。"被拒绝后,妞妞又回来找老师。"你们可以一人玩 5 分钟啊!"一旁的锴锴哥哥一边玩玩具,一边建议道。"对啊! 你们可以轮流玩啊!"另一位同学也附和着回答。"康康那你玩好了再给我玩一下好吗?""好的。"得到了肯定的答案,妞妞一改愁容,耐心地等在一边。

分析：在大班的学习活动中,幼儿常会因为不理解或是一知半解而产生困惑。教师在指导幼儿学习知识时,可以通过提出疑问、反问等方法鼓励幼儿大胆地和同伴分享自己的想法,培养幼儿在学习中与他人分享的意识和习惯。同时因为分享的知识经验会引导幼儿新的思考和讨论,使学习活动变得更加新颖和有趣,更能吸引他们。在幼儿的活动中,教师也可以通过引导幼儿回顾情景,讲述想法,让幼儿充分地表达自己的意见,主动与他人一起分享,并能更直观、真切地感受分享带来的乐趣,不断提高幼儿的分享能力。

六、 交流评价法

案例 1：

"快乐娃娃城"活动结束后,小朋友们都围坐在一起进行交流评价。老师说："娃娃城玩得开心吗,有什么事跟大家一起分享呢?"大班宸宸说："老师,我先分享我的快乐。"老师同意后,宸宸站起来说："我今天去邮局给妈妈寄了一封信,我觉得很快乐。"老师笑眯眯地说:"嗯,宸宸是个爱分享的孩子,愿意把自己的快乐跟大家分享。"乐乐也奋力地举起小手:"我也要分享快乐。我也要分享快乐,我刚才去美味厨房了,我做了很多饼干,还跟弟弟妹妹一起品尝了。"老师说:"哦,乐乐也是个爱分享的孩子呢。"可可姐姐说:"老师,我也是爱分享快乐的孩子。今天我带禾禾妹妹,我跟她说了要跟着我,别乱跑,她很听话,我觉得很快乐。"健健说:"老师,我也分享我不好的事,今天我在走廊上跑来跑去,被阿姨批评了……"

案例 2:

"快乐娃娃城"活动结束了,小朋友们回到教室,跟着老师坐在了圆圈上。只见瑶瑶表情落寞,慢慢腾腾地挪着步子走进来。老师转身看到瑶瑶问:"瑶瑶,你怎么了?"瑶瑶说:"我有麻烦的事。"老师说:"有什么麻烦的事,愿意跟我们大家分享吗? 也许我们可以帮到你呢。"瑶瑶轻轻地点点头。

瑶瑶拿了椅子坐在老师身边,说:"刚才玩娃娃城的时候,我的钱掉了,就不能去美食店玩了。"说完都快哭了。

"老师,上次我去玩也掉过一次钱。"洋洋迫不及待地站起来跟老师说。

"那你当时是怎么解决的?"老师问。

"我就回到原来的地方一路找回去,正好 E 班的阿姨捡到了,就给我了。"洋洋说。

"原来如此,就是回到原来经过的地方找一下。"老师总结道。

"我回去找过了。没有看到!"瑶瑶连忙说。

"那有其他什么办法呢?"老师问小朋友,"你们可以说出来,跟瑶瑶分享。"

"我觉得可以问问老师看,有没有看到你掉的钱。"潇潇说。

"你可以去找警察问问呀,他可以在广播里帮你问的。"强强说。

"要不你可以去银行再取点就好了,下次管牢自己的钱就好了。"毛毛说。

"对对,你每次拿钱的时候要把袋子的口子压牢,就不会掉了。"倩倩说。

"是的,我妈妈说过,包包要放在自己身体前面,管住就好了。"晨晨说。

老师说:"哇,大家分享了这么多有用的经验,瑶瑶你知道下次怎么做了吗?"瑶瑶点点头。

分析:"快乐娃娃城"活动是个社会性游戏活动,大班幼儿在活动中充分发挥了自主性和主动性,因此在评价环节中总能有很多话要说。分享自己的感受成为每次游戏活动后的必要流程。教师通过引导性的问题激发幼儿分享的意识,创造轻松自主的氛围,让幼儿与他人分享自己的经验,和同伴交流自己的想法。在一次次的分享经验的过程中,幼儿逐渐养成爱分享的习惯,认定自己是个爱分享的人。

七、 归因训练法

案例 1:

建构活动中,大家都在精心地搭建着自己的作品,突然大家听到了激动的叫声:"大家快来看呀,我搭的高楼大厦!"大家循声望去。哇! 同同弟弟的高楼大厦有他肩膀这么高呢。他手里还拿了一块小的积木,轻轻地摆了上去,"成功了!"他开心地跳了起来。很多小朋友都围了过来,大家都发出了"啧啧"的称赞声,老师也对同同弟弟竖起了大拇指。"同同,你的高楼大厦搭得真好!""嗯,是杨杨哥哥跟我分享了方法。"同同看着自己的作品,开心地指着杨杨说。"哦,杨杨哥哥!"大家转头看向了旁边杨杨,杨杨正笑眯眯地看着同同的作品。"嗯,是我把搭高楼的方法分享给弟弟的。""那你为什么要把这么好的方法跟弟弟分享呢?"老师问。"因为我搭积木的时候弟弟也在旁边搭,我就把我的办法跟他分享,让他搭得和我一样好看。"杨杨哥哥认真地说。"噢,你把自己觉得最好的方法分享给了弟弟,现在弟弟也搭了这么好的高楼大厦,你是怎么想的呢?"老师问。"我很高兴,弟弟把我的方法学会了,我们以后可以一起搭更好的建筑了。"杨杨笑呵呵地说。"噢,原来把自己知道的本领跟别人分享也会让自己变得很快乐。"老师总结说。

案例 2:

"老师,这个我不会扣。"小班的依依来找老师帮忙。"我来帮助你吧!"一旁的奇奇热情地过来帮忙,"这个扣子我会扣的,我来教你吧。"说完就牵着妹妹的手在椅子上坐了下来。"要先把扣子和洞眼对整齐,然后一对一对扣在一起就可以了。你来试试吧。""谢谢哥哥!"说着依依就根据哥哥的示范操作了一遍。"这个本领是老师教我的,我很快就学会了。"奇奇自豪地说道。"奇奇哥哥你为什么这么开心啊?"一旁的老师有意引导,"我把我学会的本领教给了妹妹,妹妹也学会了这个本领,我觉得很开心。""原来主动分享也是一件令人开心的事情,"老师有意识地进行了正强化。

分析:大班幼儿的分享行为在游戏活动中已经是比较常见的现象了,但是大部分的分享行为都是在无意识状态下进行的,有时也只是为了满足自己的表现欲。大班幼儿在游戏中已经积累了一定经验,也能正确地判断自己的行为和感受。而混龄环境中的其他年龄段的孩子在分享过程中对自己行为的认知还很模糊。教师在指导幼儿的过程中,可以有意识地将幼儿的分享行为进行归因,让大班幼儿认识到自己的分享行为是值得被夸赞的,能肯定自己的分享行为,同时也给其他年龄段的幼儿暗示和启发,从而提高幼儿间的分享意愿。在案例中,由于大班幼儿分享本领的行为,让小班幼儿获得了新本领。教师通过跟幼儿的交流,帮助幼儿进行分享意识梳理,让幼儿知道自己的分享能给他人带来快乐,更促进幼儿的分享行为。

第二节　分享行为培养的经典活动案例

民间游戏馆

一、 主题实施背景

　　幼儿园的亲社会行为课题已经做了一段时间,对幼儿助人、合作、分享等行为的研究也已经有了一定的经验积累,其中助人和合作的主题已经比较丰富,而且易于推广操作。而分享行为是精神层面的内容,以前已经进行过食品、玩具、经验等方面的分享,其中食品和玩具属于实物的分享,是低层次的分享,更适合小年龄的孩子,是初级阶段的分享行为。

而现在相对欠缺的是孩子的能力、经验的分享,因此我们希望借助"民间游戏"这个载体,帮助孩子提高分享的兴趣,学习分享的方法,感受分享的快乐。经验分享更加关注的是大年龄的孩子,而在这个主题中,我们也关注小年龄的孩子的发展,利用分龄、混龄交替进行的模式,帮助孩子创设更多的分享机会。

如何切入、如何开展是分享行为主题的重难点,因此主题开始的准备阶段,我们就收集了一些我们小时候玩过的游戏的文字、视频、图片等资料,并向家长发放调查表,向家长收集更多的民间游戏,鼓励家长和孩子一起向我们分享他们收集来的游戏。我们的家长朋友来自世界各地,希望可以扩展我们的视野,丰富我们对民间游戏的认识,让孩子在分享和玩游戏的过程中自然成长。

二、 主题目标

1. 不断提高自己的分享意识,愿意在分享的过程中大胆表达自己的想法。(中大班)

2. 丰富分享的方法,愿意尝试各种分享的方法,尝试总结不同类型的游戏适合的不同的分享方法。(中大班)

3. 愿意将自己学到的新本领和家长、同伴一起分享。(小托班)

4. 积极参与各类民间游戏活动,能在分享的过程中正确表达自己的情绪,感受被分享的快乐。(混龄班)

5. 知道集体的力量是强大的,通过分享可以丰富自己和同伴的经验。(混龄班)

三、 主题前准备及相关环境创设

● 区域

1. 在教室中增设以下分享区:玩具分享区、图书分享区、食品分享区、经验分享区等。

2. 在主题进展中呈现孩子获得的分享经验。

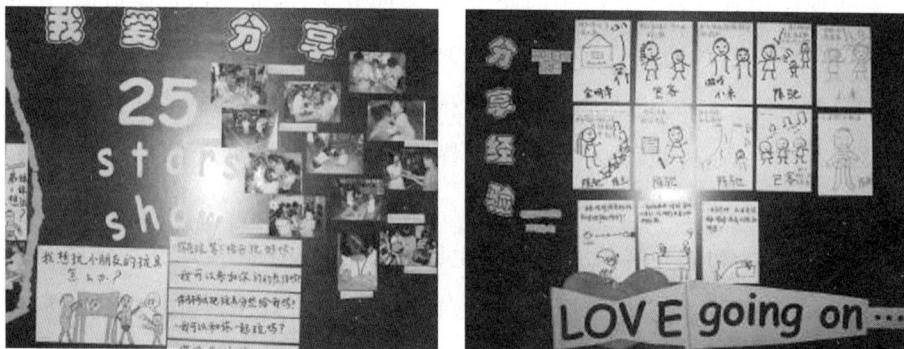

● 家园配合

1. 主题活动开始前发放"主题说明书"。（见附录1）

2. 活动开始前，请家长做记录表，反映孩子在主题前和主题后分享意识的改变。

3. 邀请家长参与主题后期分享会。

附录1

"民间游戏馆"主题说明书

各位家长：

自本周开始，我们要开展"民间游戏馆"的主题活动。分享是亲社会行为的一种表现，是指个体与他人共同享用某种资源。在人们的社会生活中，分享行为是一种非常重要的行为，它保证着人们与别人的和睦相处、共同劳动和享受自然界与人类社会带给人们的各种条件，是人的社会性的重要组成部分。由于分享行为在人类生活中所起的重要作用，所以在各种社会、各种宗教、各种文化中，分享行为都被赋予很高的道德价值。

而今优越的社会条件，特殊的家庭地位，让孩子们常常会因为同一件玩具或同一本图书而发生争吵或打斗，严重缺乏谦让、分享意识。针对这些现象，我们以主题的形式，利用幼儿园混龄的集体环境，创设教育情境让孩子感受分享的快乐,意识到分享的意义,通过主题活动让小年龄的孩子逐渐萌发分享的意识和行为,而大年龄的孩子则在不断地积累分享的经验的过程中,知道正确的分享方式和规则。影响幼儿分享行为养成不只是幼儿园的教育,家长的配合和家庭教育才能持之以恒地促进幼儿的健康发展。本次分享主题为民间游戏,根据孩子的年龄特点,可以选择以下分享方式。

视频分享:在家里先将游戏的玩法分享给孩子,再以视频的方式记录游戏。这种方法直观易理解,适合小年龄的孩子。

照片分享:将游戏的玩法以照片的形式呈现,鼓励孩子借助照片有顺序地介绍游戏的玩法和规则。

表格分享:教师设计好表格请幼儿带回家,以向爸爸妈妈采访的形式收集游戏,幼儿将收集好的内容以一字一音、绘画等形式记录,并根据记录的内容向同伴展示分享,此方法对幼儿的表达、语言等能力要求较高,更适合大年龄的孩子。

谢谢您的支持!

(附表格)

爸爸妈妈小时候玩过的游戏

游戏收集人:　　　　　　　　　　　　　　　　时间:

游戏名称	
游戏材料	
游戏人数	
游戏玩法	
其他	

四、主题活动一览表

表 6-1　主题活动

序号	活动名称	活动目标	备注
1	金锁、银锁	1. 在欣赏民间游戏视频的基础上,初步感受民间游戏简单有趣的特点。 2. 学习边念儿歌边玩游戏,愿意把新学到的本领带回家和家人一起分享。 3. 能大方地向爸爸妈妈收集他们小时候玩过的游戏(小托班),并完成记录表(中大班)。	混龄
2	分享爸爸妈妈玩过的游戏(一)	1. 初步学习向同伴分享自己经验的方法。 2. 向大家展示爸爸妈妈小时候玩过的游戏,并能用动作、语言等方式分享给同伴。	混龄
3	分享爸爸妈妈玩过的游戏(二)	1. 能在集体面前清楚大方地介绍自己学会的游戏,提高语言表达能力。(中大班) 2. 能认真倾听哥哥姐姐的介绍,基本掌握游戏规则。(小托班) 3. 积极参与各个游戏,感受分享和游戏的快乐。	混龄
4	我来分享	1. 结合自己准备的游戏,能用自己的方式在集体面前清楚大方地介绍,提高语言表达能力。(中大班) 2. 能认真倾听哥哥姐姐的介绍,基本掌握游戏规则,并根据意愿自由选择玩自己喜欢的游戏。(小托班) 3. 积极参与各个游戏,充分感受分享和被分享的快乐。	混龄
5	我想当馆长	1. 能根据自己带来的新游戏设计展馆海报,并在同伴面前大方介绍自己的展馆。 2. 根据自己的游戏的需要准备好材料,在分享的过程中体验成功的喜悦,进一步激发分享的愿望。	大班

序号	活动名称	活动目标	备注
6	欢迎来到娃娃游戏城	1. 愿意在集体面前大方分享自己带来的游戏,并能在做馆长的过程中体验分享的快乐。(中大班) 2. 认真倾听哥哥姐姐的介绍,活动中能根据自己的喜好自由选择喜欢的游戏馆,能用好听的话对哥哥姐姐表示感谢。(小托班)	混龄
7	怎么当个好馆长	1. 积极参与各项游戏活动,体验游戏的快乐,能在老师的引导下主动表达自己快乐的情绪。(小托班) 2. 和同伴进行协商并制定出当馆长的职责,能以绘画的形式进行表现记录,体验做馆长的成就感。(中大班)	混龄
8	我们喜欢的游戏	1. 巩固做馆长的能力,能在游戏的过程中充分发挥馆长的作用。(中大班) 2. 根据自己的喜好自由选择游戏馆,乐意参加多个游戏活动,体验游戏的快乐。(小托班)	混龄
9	我们喜欢的游戏(二)	1. 在上一次活动的基础上继续丰富做馆长的经验,能在游戏的过程中充分发挥馆长的作用。(中大班) 2. 学玩新游戏,能根据自己的喜好自由选择游戏馆,乐意参加多个游戏活动,体验游戏的快乐。(小托班)	混龄
10	游戏大分享	1. 愿意将自己学会的游戏带给其他班小朋友分享,感受分享活动给自己和同伴带来的快乐。(中大班) 2. 愿意配合大年龄孩子做游戏示范,知道自己也能给其他小朋友带来乐趣,感受分享的快乐。(小托班)	混龄

五、主题活动过程

活动一：金锁、银锁

活动前,老师以视频的方式收集了一些孩子们易于接受的民间游戏,且大部分都是孩子们玩得很开心的场景,老师想以此激发孩子们的活动兴趣,民间游戏就此展开喽!

● 活动目标：

1. 在欣赏民间游戏视频的基础上，初步感受民间游戏简单有趣的特点。

2. 学习边念儿歌边玩游戏，愿意把新学到的本领带回家和家人一起分享。

3. 能大方地向爸爸妈妈收集他们小时候玩过的游戏（小托班），并完成记录表（中大班）。

● 活动准备：

一段民间游戏视频（丢手绢、摸花鱼、木头人）；爸爸妈妈小时候玩过的游戏；记录表。

● 活动过程：

1. 欣赏视频，引出活动主题。

2. 探讨刚才欣赏的视频，初步感受民间游戏简单有趣的特点。

3. 引出游戏"金锁银锁"。

（1）介绍儿歌及游戏的玩法。

（2）邀请个别孩子玩游戏。

老师分享的游戏——"金锁银锁"。

（3）请每位大班小朋友做一个窝，分组玩游戏。

哥哥姐姐带弟弟一起玩。

4. 介绍记录表。

（1）介绍记录表的内容和作用。

（2）介绍记录的方法，鼓励中大班幼儿用绘画的形式表现。

儿歌：

金锁银锁

小猫小狗快快进窝，小猫小狗快快进窝，金锁、银锁，咔嚓一把锁。

● 活动分析：

开始的非物质分享活动更适合简单、上口的儿歌类游戏，能积极调动孩子的情绪，激发孩子玩游戏的兴趣。例如"金锁银锁"，孩子们就在边念儿歌边玩的过程中感受到了民间游戏带来的乐趣。接下来的活动要鼓励孩子们开始收集游戏了，以怎样的形式收集，收集怎样的游戏是我们需要思考的。

活动二：分享爸爸妈妈玩过的游戏(一)

活动开始前,老师向大家发放了爸爸妈妈玩过的游戏调查表,希望孩子们可以从爸爸妈妈那里得到一些启发和感染。

● 活动目标:

1. 初步学习向同伴分享自己经验的方法。

2. 向大家展示爸爸妈妈小时候玩过的游戏,并能用动作、语言等方式分享给同伴。

● 活动准备:

提前一天将调查表发给家长;教师准备两种和同伴分享经验的方法(照片等);黑板和磁铁。

● 活动过程:

1. 复习游戏"金锁银锁"。

(1) 分享和爸爸妈妈分享"金锁银锁"游戏的方法及心情。

(2) 复习游戏数遍。

2. 分享"爸爸妈妈小时候玩过的游戏调查表"

(1) 用"抓阄"的方法依次介绍调查表。(介绍4—5个游戏)

(2) 将介绍好的调查表张贴在黑板上。

3. 老师分享两个新游戏。

(1) 出示照片展示的游戏(石头剪刀布),引导幼儿观察图片,学习游戏规则。

(2) 出示图示展示的游戏(跳房子),引导幼儿观察图片,学习游戏规则。

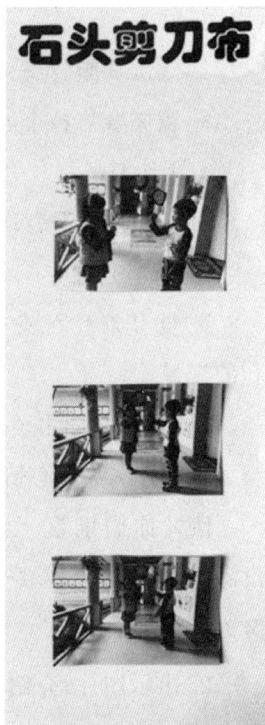

4. 小结分享的方法。

(1) 视频欣赏法。

(2) 照片示范法。

（3）图示介绍法。

● 活动分析：

教师可以引导孩子分成人数相等的4—5组，给每一位大班幼儿都创设分享介绍的机会，只有锻炼，孩子们才能在原来的基础上有所提高。在分享爸爸妈妈玩过的游戏过程中，孩子们有很多话说，但由于时间的关系，没能满足所有孩子的需求。

活动三：分享爸爸妈妈玩过的游戏（二）

为了满足大部分孩子的需求及提高孩子分享的能力，于是就有了第二次的分享活动。在第一次分享的基础上，进行再分享活动，可以更好地帮助孩子理清思路，掌握经验分享的大致方法。

● 活动目标：

1. 能在集体面前清楚大方地介绍自己学会的游戏，提高语言表达能力。（中大班）

2. 能认真倾听哥哥姐姐的介绍，基本掌握游戏规则。（小托班）

3. 积极参与各个游戏，感受分享和游戏的快乐。

● 活动准备：

继续回收调查表；表示快乐心情的表情卡片；介绍方法的图示。

● 活动过程：

1. 复习游戏石头剪刀布，体验胜利的喜悦。

（1）引导幼儿快乐地玩游戏。

（2）分享游戏心情。

刚才你们谁赢了？心情怎么样？没赢的小朋友也不要气馁，下次继续努力。

2. 出示图片，介绍游戏"打口袋"，提高语言表达能力。

（1）引出图片。

（2）请哥哥结合图片介绍游戏。

分享时请同伴做示范。

3．玩游戏"打口袋"。

游戏结束后引导幼儿表达自己的心情：这个游戏好玩吗？你们现在的心情怎么样啊？

4．介绍新游戏"炒黄豆"。

（1）结合图示介绍。

（2）玩游戏。

5．心情卡。

（1）分享表达游戏时的心情。

（2）介绍心情卡片。

（3）引导幼儿正确表达。

● 活动分析：

在上一次活动的基础上，这一次老师在活动前，和每一位大班的孩子都确认好，有游戏可以分享。有两个孩子因为没能收集到游戏表现得有些沮丧，于是，老师就将自己收集到的游戏先和他们分享，再由他们在集体活动中分享给大家，让他们有初步的成功感，激励他们再次向家长收集更多的好玩的游戏。这个活动中，因为在上一次活动中有一些经验铺垫，所以无论是大孩子还是小孩子都玩得比较开心。但在分享的过程中，大年龄的孩子缺乏分享的方法，导致有一部分孩子还不清楚游戏规则，不能让每个孩子都感受到快乐。

活动四：我来分享

如何能更清晰地将自己的游戏介绍分享给同伴，这也是一种技巧，老师尝试利用图示法给孩子一些引导和启发。

● 活动目标：

1．结合自己准备的游戏，能用自己的方式在集体面前清楚大方地介绍，提高语言表达能力。（中大班）

2．能认真倾听哥哥姐姐的介绍，基本掌握游戏规则，并根据意愿自由选择

玩自己喜欢的游戏。（小托班）

3. 积极参与各个游戏,充分感受分享和被分享的快乐。

● 活动准备:

继续回收调查表;心情花园记录表;活动前请大班孩子每人准备一个新游戏及分享方法;教师准备新游戏展板。

● 活动过程:

1. 大班孩子介绍分享新游戏。

2. 根据自己的意愿自由选择玩游戏。

(1)介绍快乐游戏城及游戏馆。

(2)给馆长开会,分配任务。

(3)引导小年龄的孩子学说句子:"谢谢你带来这么好玩的游戏和我们分享。"

3. 分享玩游戏时的心情。

(1)分享当游客和馆长的心情。

(2)出示心情花园,引导幼儿大胆表达自己的情绪。

(3)引导幼儿活动结束后用图示表示自己的心情,并将花朵粘贴到心情花园内。

4. 教师介绍新游戏——摘星星。

(1)介绍游戏规则:一边念儿歌,一边根据儿歌的节奏从左到右点每个幼儿。儿歌结束时点到谁,就由谁上去摘一颗星星,并根据星星后面的提示学这个动物的样子走路。

（2）根据幼儿的兴趣及游戏情况玩游戏数遍。

附儿歌：月儿弯又弯，好像一只船。我在船上坐，摘颗星星玩。

● 活动分析：

初级阶段，孩子们准备的有挑战性的游戏更受大家的欢迎，例如炒黄豆、木头人、摘星星等。为了进一步提高孩子们参与活动的积极性，这次活动中，老师设立了一个游戏的情境。果然在游客和馆长角色的刺激下，孩子们参与的积极性更高了，在游戏过程中，对自己的任务也更明确了。尤其是游客们，在游戏卡的激励下，游客参与游戏的积极性明显高涨。活动尾声部分是心情分享时间，大年龄的孩子基本能正确表达自己的心情，这时老师给孩子们提供了一些心情好时的词汇，如高兴、欣喜、快乐、甜蜜蜜等，供孩子学习模仿。我们还引导小年龄的孩子学说："谢谢你带来这么好玩的游戏和我们分享。"一方面引导孩子学会感恩，另一方面也给大孩子一定的激励。我们把心情花园布置到主题墙上，引导孩子利用空余时间把自己的心情用图示的方式记录。

活动五：我想当馆长（大班）

为了激励更多的孩子带更多更好玩的游戏来和同伴分享，我们创设了"游戏馆"的游戏情境来激励孩子收集游戏，同时也鼓励孩子用各种方法进行介绍分享，丰富孩子们分享的方法和技巧。

● 活动目标：

1. 能根据自己带来的新游戏设计展馆海报，并在同伴面前大方介绍自己的展馆。

2. 根据自己的游戏的需要准备好材料。

3. 在分享的过程中体验成功的喜悦，进一步激发分享的愿望。

● 活动准备：

提前一天请大班孩子收集更多的民间游戏；A3 卡纸、水彩笔若干。

● **活动过程：**

1. 介绍新带来的游戏。

（1）回忆上次活动中当馆长的经历。

（2）介绍新带来的游戏。

2. 为游戏馆设计并制作海报。

（1）为了吸引更多的游客到展馆里来玩，我们要设计一张海报。海报上可以有什么内容？怎样的海报可以吸引到更多的游客？

（2）幼儿设计制作海报。

如向大家介绍"丢手绢"游戏馆的宣传海报。

3. 游戏馆需要的材料。

引导幼儿根据自己的游戏需要准备、制作材料，为第二天的游戏馆做好准备。

4. 介绍自己的游戏馆。

（1）引导先完成的幼儿跟同伴相互介绍。

（2）鼓励幼儿到集体面前大方介绍自己的游戏馆。

● **活动分析：**

主题活动已经进行了快一周了，孩子们收集到的民间游戏也越来越多，谁来当馆长，怎样可以当一个称职的馆长是大年龄的孩子比较关注的问题。原先定好的规则"只要有游戏带来分享就可以当馆长"的要求已经太低了。因此，孩子们在活动中想到了公平的方法——投票选举。为了让自己的游戏得到更多的票数，孩子们想出了各种方法，设计海报、制作游戏道具、准备印章等，孩子们的积极性被充分调动起来了。

活动六：欢迎来到娃娃游戏城

游戏已经收集并分享了一段时间了，接下来是展示成果、收获喜悦的时间……

● **活动目标：**

1. 愿意在集体面前大方分享自己带来的游戏，并能在做馆长的过程中体

验分享的快乐。（中大班）

2. 认真倾听哥哥姐姐的介绍，活动中能根据自己的喜好自主选择喜欢的游戏馆，能用好听的话对哥哥姐姐表示感谢。（小托班）

● 活动准备：

大年龄孩子事先准备好的各场馆海报；游戏卡（可以挂在脖子上）；水彩笔。

● 活动过程：

1. 请大班孩子介绍分享新带来的游戏。

2. 分配游戏场地，介绍游戏卡。

（1）分配游戏场地。

（2）介绍游客的游戏卡。（游客带着游戏卡去玩游戏，游戏结束后到馆长处敲一个印章）

3. 欢迎来到娃娃游戏城。

鼓励幼儿根据自己的意愿选择自己感兴趣的游戏，并记得在游戏结束后到馆长那里做好记号。

4. 评选最佳游客和最佳馆长。

（1）评选最佳游客。（游戏玩得多、玩得好为最佳游客）

和同伴分享自己去玩了哪些游戏。（鼓励幼儿参与到更多的游戏中去）

（2）评选最佳馆长。（参加游客最多的游戏馆）

帮助幼儿小结做馆长的经验。

5. 心情花园。

● 活动分析：

经过孩子们的讨论、推选，今天一共开了 5 个游戏馆。由于老师没有充分考虑到游戏适合的场地等因素，完全交由孩子们自己讨论决定，自主性是体现了，但活动的有效性却有所欠缺。因此，教师应该在发现问题的时候及时干预，帮助孩子分析、梳理经验。例如人数太多的游戏适合在什么地方开馆，参与游戏人数太多。馆内很挤怎么办等。让孩子参与活动时更有序、更有效。

活动七：怎么当个好馆长

在开游戏馆的过程中遇到了一些馆长的职责问题,怎么才能当个好馆长呢?这是需要各个馆长讨论并解决的问题。

● 活动目标:

1. 积极参与各项游戏活动,体验游戏的快乐,能在老师的引导下主动表达自己快乐的情绪。(小托班)

2. 和同伴进行协商并制定出当馆长的职责,并能以绘画的形式进行表现记录,体验做馆长的成就感。(中大班)

● 活动准备:

前一天活动的录像片段;游戏名称卡;馆长职责表。

● 活动过程:

1. 集体复习前段时间玩过的游戏。

你们还记得我们都玩过一些什么游戏吗?(根据幼儿的回答出示游戏名称卡,并快速玩一遍游戏)

2. 制定馆长职责。

(1)看前一天活动情况的录像,教师帮助梳理经验。

怎么样才能当好一名馆长?游客来了馆长要先干什么?再干什么?(讲解并组织游戏)没有游客的时候怎么办?(教师帮助幼儿记录)

(2)请幼儿用绘画的形式制作馆长职责表。

3. 分享馆长职责表。

大班组分工合作完成的馆长职责表。

注:在制定馆长职责的时候,小托班由另一位老师带到户外快乐地玩游戏,熟悉游戏的

玩法和规则,充分感受游戏的快乐,并大方表达自己的情绪。

● 活动分析:

带着上个活动中存在的问题,这次活动是专门针对大年龄的孩子开展的。讨论怎么样才能当好一个馆长,当馆长有什么责任和任务等。在大家一起讨论后,得出了"馆长职责表",老师把孩子们讨论好的内容记录下来并整理成文字材料,引导孩子利用空余时间在旁边配上图文,让小年龄的孩子也能和主题墙进行互动。有了"馆长职责表",对大年龄的孩子有更直观形象的要求,孩子们自我管理的意识也会逐渐提高。

活动八:我们喜欢的游戏

游戏太多了,一次性玩不了那么多好玩的游戏,怎么办呢? 那就轮流玩吧。

● 活动目标:

1.巩固做馆长的能力,能在游戏的过程中充分发挥馆长的作用。(中大班)

2.根据自己的喜好自由选择游戏馆,乐意参加多个游戏活动,体验游戏的快乐。(小托班)

● 活动准备:

已经制作好的馆长职责表;游戏名称卡;游戏卡;游戏材料。

● 活动过程:

1.引导幼儿回忆晨间活动时快乐游戏的情景。

2.投票决定新开的游戏馆。

今天我们要在教室里开三个游戏馆,你们希望开什么游戏馆? 我们来投票决定开什么馆。(教师记录投票结果)

3.选出馆长。

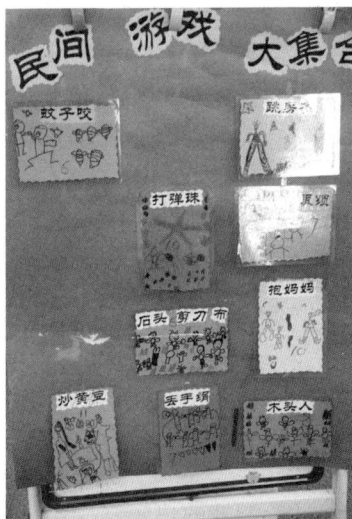

给馆长佩戴五角星,增强任务意识。

4.两两结队玩游戏,教师用照片、录像等形式记录幼儿的活动情况。

引导哥哥姐姐做爸爸妈妈,带自己的宝宝去各个游戏馆玩,尽量把自己的游戏卡都画满记号。

5.游戏结束,观看照片、视频,检验馆长是否称职、游客是否开心。(帮助幼儿提高做馆长的能力)

● 活动分析:

为了让小年龄的孩子能在活动中体会到分享的快乐,这个活动开始前,老师请小年龄的孩子和大家分享一个新学会的本领。老师把民间游戏大集合中的游戏以游戏的情境快速复习一遍,帮助孩子熟悉回忆每个游戏的玩法和规则,激发孩子参与的积极性。在选择开什么游戏馆的环节,因为已经有过一次经验,这次很顺利就选择好了要开的游戏馆,而且馆长显然也比之前更有经验。不同的是,这次老师为了让小年龄的孩子能在活动中体会到更多的快乐,以两两结伴的形式开展活动。爸爸妈妈带着自己的宝贝去儿童乐园玩,爸爸妈妈要负责照顾好自己的宝贝,宝贝要跟着爸爸妈妈,不可以随意走开。加了这么一个游戏情境后,孩子们玩得都比较开心,但是大年龄的孩子的挑战性游戏相对少了些,因此下次要考虑得更加周到,应同时照顾到不同年龄段的孩子,例如选择游戏馆时就应该有适合不同年龄段孩子的游戏。

活动九:我们喜欢的游戏(二)

快乐游戏,快乐分享。孩子们分享的劲头越来越足,分享的方法也越来越丰富,于是教师需要创设更多的分享机会给孩子们。

● 活动目标:

1.在上一次活动的基础上继续丰富做馆长的经验,能在游戏的过程中充分发挥馆长的作用。(中大班)

2.学玩新游戏,能根据自己的喜好自由选择游戏馆,乐意参加多个游戏活动,体验游戏的快乐。(小托班)

● 活动准备：

新游戏卡；游戏卡；馆长印章；各种游戏材料。

● 活动过程：

1. 学习新游戏"拍手歌"。

（1）示范新游戏。

（2）集体玩新游戏，教师讲解游戏难点。

2. 回忆上一活动玩过的游戏，用投票的方式选出今天要开的游戏馆。

（1）投票决定要开的游戏馆。

（2）规定各游戏馆场地、人数，讨论并解决各场馆游戏人数的均衡问题。

3. 选馆长，明确馆长职责。

4. 两两结队玩游戏，提醒大孩子担负起照顾弟弟妹妹的责任。

5. 分享心情。

游戏结束了，你们今天玩得开心吗？馆长开心吗？为什么？

6. 观看照片、视频。（中大班）

检验馆长是否称职。

● 活动分析：

回放游戏视频，孩子们可以直观地看到自己在游戏中的表现，教师也可以进行更有针对性的提示和引导。活动前教师应做好充分的准备，如拍什么样的镜头，能否照顾到全体等。

活动十：游戏大分享

孩子们已经不满足于小群体的分享了，于是到各个班级去循环展示分享，一方面可以创造更好的分享机会，另一方面也可以帮助孩子增强分享的欲望。

● 活动目标：

1. 愿意将自己学会的游戏带给其他班小朋友，感受分享活动给自己和同伴带来的快乐。（中大班）

2. 愿意配合大年龄孩子做游戏示范，知道自己也能给其他小朋友带来乐趣，感受分享的快乐。（小托班）

● 活动准备：

各游戏材料；记录卡纸和彩笔。

● 活动过程：

1. 回忆并快速玩游戏，激发幼儿把快乐分享给更多同伴的愿望。

(1) 教师快速组织幼儿玩各个游戏，激发幼儿快乐的情绪。

(2) 邀请好朋友一起玩游戏。

2. 讨论游戏大分享。

(1) 确定被分享对象。可以和谁分享？

(2) 确定分享游戏。哪些游戏适合跟大家分享？

(3) 确定分享方式。可以怎么分享？

(4) 确定分享组数和人员。自由讨论并组队（分成 5 组，每组至少要有一个大班和一个中班，其他成员自由组合）。

(5) 给自己小组起名字。

3. 分组讨论。

(1) 成员安排，引导大年龄孩子根据各小朋友特点安排任务。

操作练习，明确每位组员的任务，练习大方介绍和大方展示。

● 活动分析：

要把我们收集到的游戏带去给全园小朋友分享，孩子们都很激动又兴奋。带什么游戏去分享、先和谁分享、怎么分享等都成了孩子们关注的问题，带着这些问题一起探讨、思考，孩子们参与性很高。待这些问题都讨论好以后，后续的问题需要老师去和其他班老师做调解，例如什么时候去比较方便，需要他们做什么样的配合等。而且后期的分享我们可以一直延续，每组和每个班分享一个游戏，每天分享一次，回来还可以组织孩子一起讨论好的方法和不够好的方法，使下次的分享活动更精彩。

六、 主题活动反思

"炒黄豆，炒黄豆，炒好黄豆翻跟头；你拍一，我拍一，一休哥；你拍二，我拍二，王小二……""老师，我们今天玩什么游戏？""老师我们现在可以去走廊上跳房子吗?""老师,我又学会了一个好玩的新游戏要和大家一起分享……"主题活动暂时告一段落了,但孩子们兴趣依旧。主题的开展还勾起了许多家长儿时的回忆,晨间入园或下午来接时都会和其他家长一起讨论:你们小时候这个游戏是怎么玩的啊,我们那儿的玩法好像跟你们不太一样等。不光孩子们在相互分享,家长们也在孩子的带动下不由自主地分享起儿时的快乐回忆。看来有一句话说得很有道理,独乐乐不如众乐乐。一个人的快乐拿出来分享给大家,就会有更多人得到快乐。

(一)孩子的收获

主题进行中,一起参与主题进行的老师就不断提醒,孩子在这个活动中获得了什么? 这个主题对孩子有什么作用? 确实,每一个跟进活动时老师都要带着这些问题去思考,希望通过主题活动的开展,可以让孩子在各个方面都有一定的提升。

1. 自信心的提高。

第一次分享活动中,老师用视频的方式向大家展示了好玩的民间游戏,并且就一个"炒黄豆"游戏做了具体介绍和分享,给了孩子一定的示范作用。第二次活动,老师给孩子们发放了民间游戏调查表,请孩子向爸爸妈妈收集他们小时候玩过的民间游戏,并鼓励大孩子用绘画的形式将游戏记录下来,第二天可以分享给大家。第二天分享前,老师事先了解了孩子收集到的游戏情况并且请他们做了简单介绍。活动中,老师有意识地请了一位班里的大哥哥,这位哥哥在孩子们心目中的地位是相当高的。但是第一次面对这么多的老师和同伴,这位哥哥有些许紧张,导致没能清楚地介绍自己收集到的游戏。于是老师就用了一些方法帮助孩子,例如帮孩子梳理分享游戏的框架,首先要介绍游戏名称、游戏材料、游戏参与人数;再介绍游戏的玩法,第一步是什么、第二步是什么等。让孩子带着这个框架去介绍自己的游戏,孩子们目标明确,显然自信心也更足了。在后期的分享中,大部分孩子都能在集体面前大方自信地介绍自己收集到的游戏。

2. 能从多种途径积极收集民间游戏,并用多种方式展示分享给大家。

活动开展过程中,孩子们一度因为收集不到好玩的游戏而不能更好地分享,后来游戏馆长对孩子的激励起到了很大的作用。老师将孩子在游戏分享中的情境用照片的形式呈现在我们的教室环境中,引导孩子不断与主题墙互动,家长们也间接地感受到了这些游戏的有趣。于是家长们开始纷纷回忆自己童年玩过的游戏,或打电话向儿时的同伴求助,帮助孩子一起收集好玩的民间游戏。另一方面,老师在主题开展的过程中使用了一个激励制度,即只要带来好玩的游戏和大家分享,就可以当这个游戏馆的馆长,邀请游客到你的游戏馆玩游戏。担任馆长的孩子可以在袖子上别上光荣的五角星,游戏结束后还可以在游客的游戏卡上盖上一个属于自己游戏馆的印章。馆长的激励作用带动了许多小朋友的积极性,继续向爸爸妈妈、爷爷奶奶、班里的阿姨收集;和家长一起通过书籍、网络等途径收集。多种不同的途径和方法帮助孩子增长了经验、开阔了视野。收集到好玩的游戏后,有些孩子用照片的形式和大家分享;有些孩子邀请自己的好朋友先学会,和同伴一起演示进行分享;有些孩子是用语言介绍结合动作解释和大家分享。不同的游戏适合不同的分享方法,在主题的进行中,孩子们会和自己的家长一起商量讨论并决定一种最有效的方法,带来幼儿园和大家一起分享。

3. 分享活动中大胆表达自己的想法。

在这个主题活动中,老师给孩子们创设了轻松自主的氛围。随着主题的开展,孩子们的自主意识也有一定的提高。例如制定馆长职责、角色安排等,孩子们都能从自己的经验出发,自主表达自己的想法和意见,使游戏玩得更轻松、更快乐。每当孩子收集到新游戏,都会自己安排时间做游戏道具、设计游戏宣传海报,并在开游戏馆时大方介绍自己的游戏,努力争取做馆长。在做馆长的过程中,孩子也能根据游戏的具体情况及时调整游戏规则,例如当游戏因为人多显得很没有秩序时,馆长会根据原先的经验制定规则,有的是在馆场里摆放与人数对应的椅子,有的是发放与人数对应的游戏卡,人太多了就建议他们先去玩其他游戏。且每个孩子都有自己的智慧,孩子之间又会相互学习和模仿,孩子们在游戏中充分发挥了自主能动性。

4. 情绪的正确表达。

主题进行过程中,我们在关注孩子的经验、分享的能力的同时,我们也非常关注孩子的心情分享。我们在主题墙上设立一个"心情花园",引导孩子积极与其互动。每个小朋友都是花园里的一朵小花,每次活动结束后,我们都会引导孩子表达自己的心情,并用符号将自己的情绪记录到情绪花园内。每次饭后,孩子们都会到心情花园前面记录自己的心情,老师也会经常和孩子交流,"你今天心情怎么样啊?""我今天的嘴巴是平平的,不是很高兴,因为在玩大口袋的游戏时他们踩了我一脚。""我一共画了3个笑脸,因为我今天非常、非常、非常高兴。"活动中,我们发现积极的情绪表达和恰当的情绪表达同样重要。有的人因为游戏很高兴而手舞足蹈或大声尖叫,给别人带来了影响和伤害,此时我们就会引导孩子讨论:怎样的表达方式既不压抑自己又不会影响到同伴。因此,快乐分享和享受游戏,成为自由活动时必不可少的精彩环节。

(二)教师的收获

1. 教学思路的整理。

除了孩子在这个主题中受益颇多,通过主题的开展老师也受益匪浅。首先是教学思路的整理。所谓当局者迷旁观者清,一个人在带主题的过程中容易沉浸在自己的世界里,而听课的老师可以关注到整个活动的设计是否合理,孩子的反映是否能得到老师的回应等。活动结束后,老师们会提供许多建议和意见,根据这些建议,带班老师的思路也会逐渐清晰。在思路清晰的基础上更能扩展思维,在带班的过程中更能做到得心应手,能更好地和孩子进行互动。

2. 教学方法、态度的跟进。

同样的一个活动,不同的老师能收获不同的成果,不同孩子也会有不同的感受。因此,良好的教学方法和态度对孩子的学习有事半功倍的效果。例如,一开始孩子不能清晰地介绍分享自己收集到的游戏,但是在老师的提示下,有了一个介绍模板,每一个孩子都能结合自己的游戏在同伴面前大方介绍和分享,在适合的时候给孩子一个提示可以帮助孩子学得更轻松。站起来走到孩子中间去,积极和孩子互动,这也是在这个主题中的一大收获。老师的良好态度能积极调动孩子的积极性:轻轻地摸摸孩子的脑袋,或许可以给一些孩子鼓励,或许可以让一些孩子集中注意力,或许可以让一些孩子静下来听听同伴的心声。

（三）还需改进——充分体现教师的引领作用

1. 事先收集大量有趣的民间游戏。

2. 用多种不同的方法分享新游戏,给孩子不同的感官刺激。

3. 活动中及时帮助孩子提升经验。

七、 主题的延伸

我们的主题暂时告一段落了,但游戏馆形式的游戏分享将作为班级里的常规活动一直延续下去。我们会每1—2周进行一次,并且不断鼓励孩子继续带好玩的游戏和大家分享。根据孩子带来的游戏情况,不断更新游戏馆的游戏,优化游戏规则,使孩子们玩得更快乐。而且我们会将分享行为渗透到幼儿的每日生活中,创设各种环境和机会引导幼儿大方分享。小年龄的孩子侧重的是实物的分享,例如食物、玩具、图书等;而大年龄孩子则更关注经验和能力的分享,例如每周请一位小老师,请到的小老师可以教大家学一个本领,可以是游戏、儿歌、歌曲、故事等,并及时给予表扬和鼓励。不断强化孩子分享的意愿,逐渐提高分享水平,感受分享给大家带来的快乐。

第七章　促进幼儿助人行为的案例分析和活动方案

第一节　助人行为培养方法案例

一、角色扮演法

案例：

这次的主题活动是借助绘本《大团团和小圆圆》展开幼儿以大带小的助人混龄活动。《大团团和小圆圆》讲述的是这样一个故事：大团团和小圆圆是一对好朋友，他们一起去森林探险，因为大团团是哥哥，当小圆圆遇到困难时，大团团总会在一旁保护和帮助他。可是大团团为帮小圆圆捡毛巾不小心掉到树洞里了，小圆圆要离开大团团去找救他的方法。最终，小圆圆通过努力救出了大团团，两个好朋友的探险游戏在互帮互助中结束。

在活动进行的过程中，为了让孩子们能更深刻地体会大团团和小圆圆互助时两人的感受和想法，我们请孩子们模仿故事人物中角色的称呼，大年龄孩子就叫"大××"，小年龄孩子叫"小××"。在阅读绘本的过程中，老师也有针对性地提问和指导不同年龄的孩子，比如关于大团团的问题，老师总是请大年龄的孩子来回答，老师会问"大××，如果你是大团团，你的心情怎么样？你又会想什么办法呢？"对小年龄孩子，我们就说"小××，如果你是小圆圆，遇到困难时，你的心情怎么样？当哥哥姐姐帮助你时，这时你的心情怎么样？"引导孩子们更好地体会和表达大团团和小圆圆的心情和想法。

随后我们就开始用大小组合的方式进行角色扮演，进一步让孩子们体会故事中人物角色当时的一些心理变化、行为表现,加深对故事的理解,激发与角色的共鸣,更好地促进孩子们之间的感情和交流。我们经常会听到孩子间有这样的对话:

大:小××,我来帮助你吧!

小:好的,谢谢大××。

分析:角色扮演法对于小年龄孩子来说更适用。小年龄孩子因其年龄特点,喜好模仿,喜欢学说绘本中的一些语言,模仿绘本中的一些行为,很容易把自己带入到角色中去。通过这个主题活动的故事,也让他们懂得自己也可以去帮助哥哥姐姐的,不仅仅局限于行为上的帮助,还可以通过语言来鼓励和支持哥哥姐姐。

大年龄孩子通过角色的扮演,可以掌握一些和弟弟妹妹相处的技巧,更能体会他们的感受,也就更愿意带着弟弟妹妹一起做事情。同时弟弟妹妹对他们的鼓励也让他们更加有自信,体验到更多骄傲、自豪等积极情绪。

通过这种大小组合的角色扮演,增进了不同年龄幼儿的情感联系,相互间理解支持,并且提升了交往技巧。

案例:

混龄的班级中,有哥哥姐姐,有弟弟妹妹。为了能让哥哥姐姐更好地照顾、陪伴弟弟妹妹,让弟弟妹妹能体验这种被关爱和依恋的情感,我们有些时候会将他们组成几个家庭模式,让哥哥姐姐来充当家庭中爸爸妈妈,弟弟妹妹来充当家庭中的宝宝。孩子们从一开始的不好意思,到后来从自己爸爸妈妈身上学来各种本领运用到自己家宝宝身上,弟弟妹妹也是在这样的亲情中,感到亲切和温暖,享受着这种温馨。

安安:牛仔宝宝,爸爸来帮助你穿鞋子好吗?

瑶瑶:安安,不能总是帮助宝宝,这样他不会自己做了!你应该教他怎么穿鞋。牛仔,妈妈来教你怎么穿鞋好吗?

牛仔点点头,就跟着妈妈一起学习怎么穿鞋,瑶瑶像模像样地履行着妈妈教育的责任。

安安看到后,觉得瑶瑶说的有道理,也开始加入到引导牛仔的行列中来。

分析：在混龄班中，有大有小、有男有女，刚好自然地形成了一个个"小家庭"的模式，给予孩子们爸爸、妈妈、宝宝的角色定位，让他们更具有使命感和责任感。尤其是对于爸爸妈妈来说，感觉一下子长大了，他们会用家中爸爸妈妈对待他们的方式方法来对待弟弟妹妹，对于弟弟妹妹充满了自然的关爱和怜惜。从上面的案例中，我们也看出，他们真实地反映家庭中对待孩子的教养方式。父母到底是包办好还是引导助成长好？还好我们的小爸爸小妈妈们都认为后者更好。

二、行为强化法

案例：

饭后，老师带大家一起来听故事，小班的同同弟弟吃好饭跑出来也想参与到讲故事活动中来。他环顾了一下四周，发现大班凯凯身边有一张椅子，连忙走过去。正要坐下来的时候，中班的姐姐姐姐一个箭步冲了过来，拉住椅子的靠背说："这是我的椅子，我要坐的。"说完一屁股坐到椅子上。同同弟弟一下子愣了，他拉着姐姐的衣服，说："我要坐的，我先来的，我先看到的……"姐姐用两脚撑住地板，努力让自己不被拉开。

这一切都被大班的凯凯哥哥看在眼里，他站起来，对同同弟弟说："弟弟，坐我这里吧。"边说，边把同同的手从姐姐身上拿下来，扶住他的两只手，轻轻带到自己的椅子上，使劲按了一下同同的肩膀，让他坐下。另一边的可可姐姐也站起来说："同同，你来我这里坐吧。"笑笑姐姐也招呼着同同坐过去。

老师微笑地看着同同说："同同，这么多哥哥姐姐帮助你，你有什么感觉？"同同说："我觉得很开心。"

讲完故事后，老师把刚才的凯凯哥哥的行为跟所有人进行了交流和探讨，同时还表扬了可可姐姐和笑笑姐姐。

分析：在日常生活中孩子常常会遇到困难，这就会引发许多的助人行为。对于小年龄孩子来说，我们重点培养他们的助人意识；而对大年龄孩子来说，我们则侧重培养他们的助人行为策略。以上案例运用了行为强化法，通过及时的肯定、表扬和鼓励，不仅给予孩子们尊重、信任，调动了孩子们的主动积极性，也强化了孩子们的助人意识和行为，能收到事半功倍的效果。在进行行为强化的时候，小年龄孩子主要以物质上的强化为主，对其要求也较低，只要有助人意识的迹象或相关的助人行为倾向时都应该及时给予表扬和鼓励。而大年龄的孩子主要以语言上的表扬为主，重点在于表扬他们助人行为的有效性。可以说行为强化法是助人培养策略中使用最频繁，也比较有效的方法之一。

案例：

绘本《城里最漂亮的巨人》是孩子们喜欢的一本绘本，故事中"乔治是个巨人，城里最邋遢的巨人。他总是穿着同一双棕黄色的旧凉鞋，同一件打着补丁的旧袍子。然而，乔治却有一顶美丽的金冠，因为他是城里最好心眼儿的巨人，也是城里最快乐的巨人，你看他单脚跳着走，边走边唱的样子就知道。一个人，如果真是愿意帮助别人，那么这种快乐就会是抑制不住的。"

在主题行进中，孩子们都很喜欢乔治。有一天，小富豪说："要是巨人能够待在我们班里就好了！"其他孩子们纷纷表示都有这个想法。老师吸纳了孩子们的建议，将一个大大的巨人的形象制作出来并安置在了班里主题墙边，孩子们看到后都欢呼起来，"有爱的乔治来我们班了！""我们也要像乔治一样，做很多帮助别人的事情，让自己变得很快乐！"老师还让孩子们将自己的助人事件用绘画的方式记录下来，并张贴在乔治的旧袍子上，在每一天团体讨论的时候一起来分享这份快乐。就这样，孩子们用聪慧的眼睛寻找着身边需要帮助的人和物，感受着像乔治一样助人的快乐。

分析：幼儿的助人行为，是需要引发并不断强化的。在上述的案例中，老师先和孩子们一起学习绘本，并从绘画中挖掘"助人"元素，感受乔治助人的那种快乐，激发孩子们的助人意识。从孩子们自发地想要乔治来到自己班中，这个引发还是很成功的。再通过孩子们自己绘制和记录助人事件并张贴在偶像身上的方式不断强化助人的意识和行为。乔治的形象在班级中物化了，使孩子们天天看到他，不断提醒自己的行为，起到了不断正强化的作用。幼儿期助人行为的形成，就是需要这样不断地正面强化，从而内化为真正的自身行为。

三、模仿学习法

案例：

小班的萱萱被妈妈送来园的时候，有些闹情绪，老师抱着萱萱坐在教室外面的鞋柜上陪伴她。不一会，教室里正在玩耍的小班的小宝跑出来，贴着老师问："老师，萱萱怎么了？"老师说："萱萱因为想妈妈，哭了，老师正在安慰她呢。小宝乖，你进去玩吧。"小宝说："我也安慰萱萱吧！"说完，他搭着萱萱的肩膀，轻轻地抚摸着说："萱萱别哭了，妈妈下午就来接你了。"

突然，老师身后的窗口递出一张面巾纸，老师转身一看，原来是大班的小雨姐姐。老师接过面巾纸说："小雨姐姐为什么给我们面巾纸呀？"小雨害羞地说："给萱萱擦擦眼泪吧。萱萱不要哭了。"老师说："哎呀，小雨姐姐给萱萱拿了面巾纸，还安慰了萱萱，真是一个有爱心的好姐姐呀，谢谢小雨姐姐。"老师一边帮萱萱擦眼泪，一边说："萱萱，你觉得幸福吗？有小宝安慰，有小雨姐姐递面巾纸。"萱萱轻轻地点点头。

过了几天，小班的康康因为和小朋友发生冲突，委屈地大哭。老师听到声音连忙过来把康康抱了起来，只见康康满脸的眼泪。老师忙安慰道："康康，发生什么事了，告诉老师，老师帮助你。"正说着，老师的面前伸过来两条手臂，原来萱萱和小宝都拿了面巾纸递给老师，老师微笑着说："看呀，康康。这么有爱心的朋友，给我们拿纸巾来了。我们擦擦眼泪，不哭了好吗？"小宝和萱萱又递出自己手上的玩具说："康康，我们的玩具给你玩，你别哭啦！"

分析：爱模仿，是小班幼儿突出的年龄特征。他们喜欢模仿老师、家长和伙伴，并在模仿中学习、成长。模仿成为他们的学习动机，也可以成为他们学习他人经验的过程。幼儿的模仿并不是消极被动的临摹，他们在模仿中有他人经验的借鉴、习得，也有创造，有自己个性与情感的表达。

在上面的案例中，教师清楚地树立幼儿模仿学习的榜样，提供具体的模仿的语言，模仿的动作等等，为小年龄幼儿的学习提供了学习支架：当我们发现别人遇到困难的时候，可以提供怎样的帮助行为？我可以做什么？怎么做？幼儿在了解这些经验之后，还需要在不断地模仿、行动中学习、巩固。教师可以创设游戏情境为其提供向同伴模仿、学习的机会，促进行为的内化。

案例：

早上入园，值日生班长们都会选择适合自己的工作并行动。大班选择整理、擦洗教具，中班的孩子在浇水，小班的孩子在折毛巾……他们都在努力地帮助教室变得整洁，迎接其他同伴们的到来。

做了一会折毛巾的工作，落落停下了手上的工作，一直看着大班小宝哥哥擦玩具。过来一会，她走到哥哥面前说："哥哥，你能让我擦下吗？我也想擦！"小宝马上说："妹妹，这个工作有点累的，不适合你做！你还是去折毛巾吧！"落落说："我不怕累！"小宝看到落落这样坚持，就拿了一块抹布给她，并手把手地教她怎么做。等教会后，落落很开心，马上跑到正在浇花的般般这边说："般般姐姐，我会擦玩具了，我来教你怎么擦吧！"般般愣了，这时候，老师请般般也来尝试下这个工作。般般跟着落落来到建构区，落落就一本正经地像小宝哥哥一样，手把手教起了般般，所有的语言和动作可以说是一模一样。

分析：每天班级中都会有值日生做着很多照顾环境，为他人服务，帮助教师维护班级整洁和安全的工作。混龄的值日生工作，孩子们会根据能力自主商量出具体内容，并努力执行。小班的妹妹也努力地做着属于自己的工作，但是当她看到哥哥的工作后，她觉得那个工作也很有意思，就会想着去尝试，这是混龄班级中经常会出现的现象。所以常说混龄班中小年龄的幼儿会模仿、接触的信息比较复杂、超前，正因如此，他们会提前浸润很多在同龄环境中不会发生的事情。

四、情景再现法

案例：

了解并熟悉了绘本里的探险游戏后，孩子们也很想像故事里的大团团和小圆圆一样玩一玩探险游戏。老师就把绘本中的探险游戏迁移到现实中，进行情景再现。在老师宣布探险游戏开始后，哥哥姐姐们就带着自己的弟弟妹妹出发了。老师讲述着故事中的内容，慢慢走到一棵树下，哥哥姐姐自然而然就把弟弟妹妹抱起来说："想要再高点吗？"弟弟妹妹说："谢谢哥哥姐姐。"听到大风怪来了，哥哥姐姐说："别怕，有我在没关系的，我会保护你的。"弟弟妹妹说："有哥哥姐姐真好。"

哥哥姐姐遇到困难了,弟弟妹妹马上说:"哥哥姐姐别怕,我会想办法的。"然后带着哥哥姐姐走出危险地带。

分析:主题《大团团和小圆圆》中,在孩子们通过角色扮演对故事已有一定理解的基础上,我们把故事中的几个情景通过现实探险游戏进行再现。在游戏的初期,孩子们通过模仿故事中的任务语言、行动来加深内心的体会。大年龄孩子主要通过帮助体验来强化其帮助的行为,以及感受助人的快乐。小年龄孩子则以获得帮助后的心情分享来加深对哥哥姐姐的感情。游戏中期,伴随着故事情景的转折,弟弟妹妹需要去帮助哥哥姐姐,这是一个较大的转变。我们把故事中的情景再现迁移到现实生活中,通过设置助人情景,让弟弟妹妹模仿故事中的小圆圆去帮助大团团们。在游戏过程中,把孩子们的活动场景拍摄下来,通过对视频及照片的回放,和孩子们分享经验,既帮助小年龄孩子提升助人的意识和技巧,同时又让大年龄孩子深刻体会到弟弟妹妹的重要性,并学习用有效的方式和他们交往。在游戏后期,也是游戏的成熟期,我们设置了新的障碍游戏,游戏的完成需要孩子们互帮互助,不管是语言上还是行动上的。这个游戏旨在了解孩子们通过前期活动是否在助人意识、行动、沟通的技能和策略上有所提升。

案例:

每年都有新入园的弟弟妹妹,每一个弟弟妹妹都会有各种不适应幼儿园的情况出现。这不,老师给哥哥姐姐出了一个难题:请哥哥姐姐去观察弟弟妹妹有没有需要帮助的问题,并能想办法帮助弟弟妹妹解决这个问题。

所有的大班孩子接到任务后,都开始默默观察弟弟妹妹,并借助观察表格进行记录。

大班的婷婷姐姐关注到小班的甜甜妹妹总是张望,她就跑过去问她:甜甜,你在看什么?

甜甜说:"我在看外婆来了没有。"

婷婷说:"哦,现在时间还没有到,一会就来了!"

甜甜说:"那为什么不能马上来?"

婷婷说:"因为路上很堵!姐姐陪你玩好吗?"

婷婷拉着甜甜的手一起开始玩起了游戏……

老师将这个事件用录像的方式记录下来,带领着大班孩子们一起来观看,请大家说一说:妹妹遇到了一个什么困难?婷婷用了什么方法来解决?你们还有其他的方法吗?

接下来,老师又播放了另外一段视频,大家又开始探讨……在一次次的火花中,提升自己帮助弟弟妹妹的能力。

分析:由于幼儿思维和发展的局限性,他们更喜欢形象直观的视频,因此,录像是我们经常使用的方法。将幼儿的行为记录下来,通过回放、观看,再一次重审自己的行为。让老师将典范放给孩子观看,让孩子学习,当事人很开心,很自豪,对其行为是一种肯定;另外,通过直观的观看,参与讨论,对于其他孩子们来讲更有代入感,讨论也更有针对性些。每年九月新生入园后,大班孩子们在带领弟弟妹妹的时候总会遇到各种各样的问题,让他们措手不及。所以作为教师要搭建学习支架,让孩子们一起来寻找解决的方法,让他们体验到成功和自信。

五、 情境讨论法

案例:

晨间活动,老师带着小朋友一起来合作搭建"动物园"。大家热情高涨,有的搭老虎山,有的搭猴园,还有的搭大象馆。中班的晨晨突然说:"我们要给动物园围一个长长大大的围栏。"说完,他就开始动手。可是没多久,围栏总是被走来走去搬积木的小班孩子弄翻,其他大班孩子帮助重建了几次,还是倒翻了。晨晨只好找老师:"老师,围栏总是倒翻,我都没办法搭好了。"老师问大家:你们有什么办法可以帮一下晨晨,不让围栏倒翻。

大班的朵朵说:"我们就跟弟弟妹妹说一下,让他们小心一点。"

中班的佳佳说:"我们就拦住,让弟弟妹妹别走过来。"

大班的洋洋说:"要不我站在边上,看住,提醒他们?"

大班的小赫说:"我们换一个不容易倒翻的材料搭……"

在大家七嘴八舌地讨论后,大家又一次进行了工作,有的去告诉弟弟妹妹,有的站到了围栏边上……

分析:中大班幼儿在助人动机和方法上存在着差别。中班孩子虽然有助人意识,但比较被动,缺乏助人的策略和方法;而大班孩子不同,他们常常积极主动地去帮助别人,清楚地知道谁需要怎么样的帮助,能运用一定的有效的方式、方法解决问题。

在上述案例中,老师运用了情境讨论法,即:通过思考和讨论他人、自己的情感体验,提高对认知对象的观点采择能力的。不同年龄的幼儿,因其能力和经验的差异,教师对其培养的目标也不同。例如:中班更多的是引导孩子发现不同的助人方法,而大班孩子则以培养行为策略为主。整个游戏中我们都会以这种情景讨论的方式帮助孩子解决助人时遇到的问题,这有利于我们使活动更顺利、更有效地继续下去。

案例:

每年的九月,班级里总会迎来好多新的弟弟妹妹。对于中大班的幼儿来说,这是他们期待已久的时刻,因为他们可以当哥哥姐姐照顾、陪伴、帮助弟弟妹妹了。

可儿是新来的一位妹妹,她特别会哭,其他的弟弟妹妹都已经融入集体了,但她还是一直情绪不好,大部分时间不和其他的同伴一起互动。哥哥姐姐有点着急,问:"老师怎么办?"老师说:"可儿是一直哭,还是有时候哭,有时候不哭?"孩子们话匣子就打开了。

"她和妈妈分开的时候哭得特别伤心!"

"出去户外活动的时候,她不哭了!"

"她吃饭的时候又开始哭了!"

"上课的时候她也哭了!"

……

老师发给孩子们一张调查表,让孩子们从早上开始观察可儿的行为表现,看看到底是不是这样。

第二天,孩子们开始仔细观察和记录,发现大部分时候还是和预计的差不多。

接下来,大家针对收集的信息,开始商讨应对的措施。

"我去问问可儿妈妈,她喜欢什么,我明天给她带来!"

"她这么喜欢出去玩,我们可不可以多带她出去玩玩,这样可以让她喜欢上幼儿园。"

"我们来给她表演节目吧,说笑话逗乐她。"

……

孩子们想了很多很多的办法,并且打算一个一个方法试用过来,让可儿喜欢上幼儿园。

分析:"如何照顾好新入园的弟弟妹妹"这是大班孩子共同面临的问题。就这个问题大家一起来探讨,集所有人的智慧达成共识,并相互分享成功的经验,为接下来的实践做好准备。这是这次情境讨论的目的。在活动结束后,对于那些没有什么策略和方法的孩子来说是非常有效果的。

六、 交流评价法

案例:

每次娃娃城活动后,我们都会让提前回教室的哥哥姐姐在一张小纸条上用画画的方式记录下活动过程中遇到的问题,以及解决的方法。今天娃娃城回来后,我让孩子们围成一个半圆,一起交流、讨论自己遇到了什么困难,又是如何解决的。

我问:"今天你们在玩娃娃城时遇到什么困难了?"

"我带可可弟弟走楼梯的时候,可可弟弟摔倒了,还哭了,是我走得太快了。"中班的浩浩第一个举手说。

大班萧萧展开手中的纸条看了一下,举手说:"我的芊芊妹妹在宠物店租的宠物不见了。"

大班Coco说:"晨晨弟弟不愿意去邮局玩,我怎么说他都不听,总是往其他地方跑。"

"那你们想了什么办法,后来怎么样了?"我继续问。

浩浩说："我把弟弟扶了起来,跟他说我会慢慢走的,还让他要跟紧我不能走丢。"

"我跟徐老师说了,她让我去警察局用广播说一下,其他小朋友就把那个宠物拿回来还给我们了。"思思答道。

"我跟晨晨弟弟说,如果他愿意跟我先去邮局玩一下,我就同意带他去他喜欢的地方,他就同意陪我去邮局了,他还给他妈妈寄了一封信。"Coco说。

大家各抒己见,分享着自己遇到的问题和解决的方法。

最后,老师对中班的哥哥姐姐的行为给予了肯定："你们能帮助弟弟、妹妹解决困难,真棒!"并进一步对大班的哥哥姐姐提出了期望："你们能想出这样的方法很好,再想想还有没有更好、更有效的办法?"

分析:在这个案例中,老师运用了交流评价法培养中大班幼儿助人的意识和能力。在交流的过程中,针对中班孩子我们要求他们能说出弟弟妹妹遇到的困难以及自己的解决方法,而对大班的哥哥姐姐则要求一起交流和讨论处理某件事的不同方法,集思广益。

对孩子进行评价都要以鼓励为主,而中班孩子更侧重"能解决",大班孩子则侧重"会解决",让孩子在评价中得到肯定、支持和鼓励,不断激发孩子助人的积极性和有效性。同时在评价过程中总结和归纳出更有效的助人方法和策略,这样才能不断提高孩子们的助人能力。

案例:

每周二下午是我们最爱的"快乐娃娃城"活动,每次哥哥姐姐会带着弟弟妹妹一起去选择自己想去的场所进行活动。每一次出行的时候,会遇到一些困难,比如:"弟弟妹妹想去这里,哥哥姐姐想去那里。""弟弟妹妹在途中一直奔跑很危险。""哥哥姐姐遇到弟弟妹妹不乖的时候,不是很温柔地对待弟弟妹妹。"……针对以上的问题,老师和孩子们一起探讨,有没有什么好办法来解决,最终,大家合作制作了一张"好哥哥姐姐\好弟弟妹妹评价表",表格上有一些关于在互动过程中的对于"好哥哥姐姐""好弟弟妹妹"的评分标准。在每一次活动结束之后,大家就会一起来分享和评价。

今天，圻圻和可乐组成一组，做小顾客出去玩了，活动结束后，他们相互打好了分，在分享的时候，圻圻说：妹妹今天很乖，我的事情还没有做完，她一直在旁边等着我。走楼梯的时候，一直都是在我前面慢慢地走……我给她五颗星。可乐说：哥哥问我要去哪里，我说要去宠物店，哥哥就带我去了！还一直对我很温柔。我给哥哥也打五颗星。

两位小朋友相互拥抱，其他的孩子们竖起大大的拇指表示肯定，老师总结并奖励给他们友好魔豆，两位小朋友乐开了花。

分析：在这个案例中，孩子们在进行"快乐娃娃城"活动的时候总是会遇到一些困难。这时候，通过评价表格这个媒介，让孩子们在活动前有目的地进行活动，活动结束后有针对性地进行自我评价、他人评价，让孩子们明确自己的助人行为，提升助人意识，并且学会站在他人的角度上考虑问题。每一次就是通过这样不同形式的评价，孩子将助人的行为进行了内化，习惯成自然。

七、 归因训练法

案例：

几天来，每次饭前老师让小朋友去洗手，然后搬椅子坐下来准备吃饭时，总有很多小年龄幼儿直接走去位置上而不去搬椅子，于是老师就提醒他们走错方向了。可是小年龄幼儿回应说："我们的位置上有椅子了。"老师觉得很奇怪。

终于这天老师不跟孩子进入盥洗室，而是站着盥洗室门口，用余光观察着孩子们的座位。原来班上的真真姐姐等大家都进盥洗室了独自把外面教室的椅子一张张搬进来，摆到了小年龄孩子的位置上，然后自己最后一个进教室。

饭后，老师组织大家进行了一个谈话活动。

老师："弟弟妹妹们，为什么每次吃饭前你们不去外面教室搬自己的小椅子呀？"

小班洋洋："因为，我的位置上有椅子了，我洗好手出来看到了。"

小小班乐乐："我位置上也有小椅子了。"

老师："那你们知道椅子是谁搬过来的吗？"

小朋友们都摇头，只有大班的萱萱说："我知道，是真真！我昨天看到她在搬的。"

真真害羞地低下头。

老师："真真,是你搬的吗?"

真真点点头:"是的,我等大家都去洗手了我就去搬椅子了。"

老师:"那你为什么要帮助弟弟妹妹呢?"

真真:"因为他们小,我帮他们搬了,他们就可以直接吃饭了,还能吃得快一点呢。"

分析:归因是指人们对他人或自己的行为过程所进行的因果解释和推论,并以此作为理解、预料和控制今后行为的依据。也就是我们常在活动中间的:"他为什么会这样做?"和"我为什么会这样做?"这种寻找原因的过程。归因理论认为,一个人要想把在某种特定场合表现出的习得的助人行为保持下去,就需要把助人的观念内化,自我归因。由于有了自我归因,利他行为才有持久性。幼儿园大班幼儿随着年龄的增长,归因能力也随之增强,同时他们的认识水平,理解水平,推理能力也不断提高。可以通过在集体讨论中设置归因提问环节,帮助幼儿发现、巩固助人过程中的利他性,有助于良好行为的保持。其次成人的态度对于幼儿自我归因能力的发展影响也很大。在讨论环节中,教师不仅要对孩子的助人行为以正面、积极的鼓励,而且需要强调幼儿归因中的积极方面,使幼儿更加明确行为的正面目的,意义与价值。就如本案例中,在真真表达出自己帮助他人的原因后,教师需要将她表达的内容进行提升,最大化地体现其价值所在,帮助其他幼儿更深刻地了解到行为的意义。当然,幼儿的自我评价能力会直接影响归因的训练的效果,因此教师要注重在日常生活环节中发展幼儿的自评能力,如在每天的课后谈话,餐前活动等时间组织幼儿自评,互评当日集体活动情况,竞选值日生等,发展幼儿自我评价及归因能力。

案例:

中班快要结束了,马上又有一批孩子们就要进入大班。能够真正地去照顾和陪伴新来的弟弟妹妹,这是他们期待和希望的。为了能让他们能够尽快地适应哥哥姐姐的角色。老师会带领孩子们进行一次角色定位的活动。

老师问大家:你们是大班了吗?

孩子们异口同声、自豪地说:是的呀!

老师又问：大班和中班有什么不一样？

幼1：大班哥哥姐姐要带领自己的组员做很多的事情。

幼2：大班哥哥姐姐要做榜样，什么事情都要做得最好！

幼3：大班的哥哥姐姐是班里最厉害的人。

幼4：大班的哥哥姐姐要把新来的弟弟妹妹照顾好，要帮助老师。

......

教师：那怎么样算是帮助弟弟妹妹呢？

幼1：带他们认识我们的班级。

幼2：帮他们穿鞋子、喂饭。

幼3：教他们学习本领。

......

最后老师将孩子们说的话进行了总结，并给出了希望，让孩子们"对于大班哥哥姐姐的角色有了正确认知"，并明白了"该如何正确地帮助弟弟妹妹"。

分析： 每一次升大班，老师都会带领孩子们进行一次这样的"自我归因"的角色定位，让他们明确作为大班哥哥姐姐的责任和意识，尤其在如何帮助弟弟妹妹的问题进行了深入的探讨，让他们明确要帮助弟弟妹妹，并要正确地帮助弟弟妹妹，并将这种助人的行为进行内化。

第二节 助人行为活动方案

爱在九月

一、主题实施背景

国际部是以混龄形式编班，每年的九月份各个班级都会迎来新生。如何帮助小年龄的孩子减轻入园焦虑，更好地适应幼儿园生活，喜欢上幼儿园，能与同伴友好相处，是每个班级都要面临的工作。经过多年的混龄教学实践基础，我们充分利用混龄资源，结合国际部对本课题的研究，开展关于亲社会情感主题活动"爱在九月",主题活动从身边事件展开。为了照顾到不同年龄幼儿的能力和需求,在主题活动行进过程中我们预设通过两条线索展开:一是以大年龄孩子为主学习关爱、照顾弟弟妹妹。二是以小年龄幼儿为主展开的爱老师、爱哥哥姐姐、爱幼儿园的系列游戏活动。这两条线索分合交互进行,以此达到爱的教育目的以及帮助新生减轻入园焦虑情绪,顺利度过了入园适应期。

二、 主题目标

小年龄幼儿

1. 认识幼儿园的人及自己的同伴,认识幼儿园的环境。

2. 了解、熟悉幼儿园的生活,稳定情绪,喜欢上幼儿园。

3. 感受老师和同伴对自己的爱;愿意亲近老师、哥哥姐姐,对老师和哥哥姐姐产生依恋感;愿意参与各种有趣的游戏活动,感受各类活动的乐趣,体验和老师、同伴共处及共同参与游戏的快乐。

大年龄幼儿

1. 能积极参与"大带小"的活动,学习照顾和帮助弟弟妹妹的方法。

2. 体验做哥哥姐姐的自豪感,增强责任意识。

三、 主题前准备及相关环境创设

• 环境创设:

1. 创设安全、温馨的物质环境,营造关爱、宽松的心理环境。

温馨的阅读区

漂亮的班级环境

2. 在班级内物品上贴上标志,帮助幼儿认识自己的物品,习惯按类归放物品。

3. 布置"爱在九月"的主题墙。

(1) 张贴新入园小朋友和班级老生的照片,帮助孩子们相互认识。

(2) 张贴以往老生入园时的照片,让大年龄幼儿体验长大的自豪感,激发大年龄幼儿照顾小年龄幼儿的责任意识。

● 家园共育:

1. 新生方面。

(1) 入园初期,加强与新生家长的交流,及时反馈孩子在园情况。家园共同给孩子关爱,使孩子更快适应幼儿园生活。

(2) 鼓励孩子用语言告诉教师自己的需要。

（3）在家让孩子学习自己喝水、如厕、吃饭、睡觉、整理玩具，逐步培养孩子的生活自理能力。

2. 老生方面。

（1）帮助孩子调整作息时间，能按时起床上幼儿园，适应新学期的幼儿园生活。

（2）在家让孩子自己吃饭、睡觉、穿脱衣服等，提高孩子生活自理能力；帮助孩子体验做哥哥姐姐的自豪感，增强他们照顾弟弟妹妹的责任意识。

四、主题活动过程

中大班活动线索
活动一：欢迎弟弟妹妹（混龄班）

● 活动目标：

（大班）知道班里来了几个弟弟妹妹；初步认识弟弟妹妹，熟悉他们的名字，建立初步的感情。

（小班）对幼儿园的游戏活动感兴趣；在游戏中初步熟悉班级老师、小朋友，减少陌生感。

● 活动准备：

贴纸、手偶娃娃。

● 活动过程：

1. 导入。

今天是第一天开学，我们班来了好多新的弟弟妹妹。哥哥姐姐给他们跳个舞，欢迎他们。

2. 邀请舞《好朋友》。

请哥哥姐姐来表演，鼓励他们邀请愿意来参加的弟弟妹妹一起跳。

3. 认识弟弟妹妹。

教师逐个请弟弟妹妹上前来介绍自己的名字，并和大家打招呼，并给予一定的奖励——粘纸。

4.互动游戏——传娃娃。(音乐起,小朋友们开始传娃娃;音乐停,请拿着娃娃的哥哥姐姐起来介绍自己的名字、年龄等)

5.儿歌游戏《大轱辘车》。

6.幼儿园集体亲子活动。(音乐教室)

● 活动分析:

通过组织新生和老生第一次见面会,让我们看到了这种活动非常有必要,比以往直接全员参加的亲子游戏活动的效果要好得多。一方面让家长和新生对班级的老师、小朋友有了初步的印象,帮助他们建立了班级归属感,也再次强化了新生对班级老师的好感,为接下来的亲子活动及帮助新生入园适应都有一定的促进作用;另一方面,也让老生对新生有了一些了解,不至于很茫然,为接下来的主题活动做好了铺垫。当然在这样的活动中,新生对于上前来介绍自己,有些会害羞胆怯,教师要多给予鼓励,用贴纸作为奖励非常有用。

活动二:小小引导员(中大班)

● 活动目标:

1.能在集体面前大方地介绍自己,学说句子:"早上好,欢迎来到幼儿园,请跟我来。"

2.为自己成为哥哥姐姐感到骄傲。

● 活动过程:

1.出示引导牌,激发孩子做引导员的愿望。

2.说一说自己的优点。

3.学一学欢迎弟弟妹妹的话。

4.尝试做引导员。(为第二天早上做准备,及时纠正不足之处)

● 活动分析:

哥哥姐姐为可以站在门口做引导员感到自豪,他们都纷纷表达自己的想法,想在第一时间可以做引导员。最后一个环节,老师请孩子们举着引导牌,模仿第二天早晨的场景,尝试做引导员。在这一环节中,老师很快就发现有些孩子有些害羞不够主动,但是在大家的帮助下,孩子们还是有明显进步的。

活动三：弟弟妹妹上幼儿园了(中大班)

● 活动目标：

结合照片的回顾和自身的经验预测弟弟妹妹入园的表现,能对他们产生关切和爱护之心,并愿意参与照顾他们的活动。

● 活动准备：

自己入园时的照片;新生入园观察记录表;弟弟妹妹的单人照片(可在家访时先收集,没有的话也可当天活动时拍摄)。

● 活动过程：

1. 照片回顾。(组织幼儿观看当年入园时的照片)

请幼儿猜猜弟弟妹妹上幼儿园会有什么样的表现。

2. 观察记录表。

师：弟弟妹妹的爸爸妈妈也很想知道他们在幼儿园的表现,用什么办法可以让他们了解呢?(引导幼儿进行发散性思考,最后引到观察记录表)

教师出示记录表,请幼儿辨认。(入园前、集体活动、户外活动、盥洗)

3. 学习记录方法。

4. 大小结对子。(再次结合照片认识新来的弟弟妹妹,加强对他们的印象。并让大孩子与之一一结对)

● 活动分析：

活动中结合照片回顾,让大班幼儿有了更深刻的情感体验,激发了他们对弟弟妹妹的关心,并产生了帮助他们的愿望。使用记录表,使得孩子们从随意的观察变为有意识的主动观察,对大年龄的孩子提出了更高的要求,在关注弟弟妹妹的同时,自身的能力也得到了发展。"结对子"活动,缩小了幼儿的观察范围,使得他们的观察变得更有针对性。通过照片的认知,加深了对与自己结对子的弟弟/妹妹的印象,为第二天的观察活动做好了铺垫。

活动四：把我的名字唱出来(混龄班)

● **活动目标：**

1. 以快乐的情绪进行歌唱活动,体验歌曲旋律的流畅和接龙形式的有趣。

2. 饶有兴趣地演唱自己的名字,在大年龄孩子的主动邀请下,小年龄孩子能较快地融入集体游戏中。

● **活动准备：**

各年龄段孩子知道自己的全名。

● **活动过程：**

1. 打招呼。

(1) 老师以唱歌的方式和小朋友打招呼。

现在我们班里来了这么多的小朋友,老师想和你们打个招呼,可是这个招呼和我们平时打的招呼可不一样,听听我是怎么打招呼的?

(2) "来来,我是×老师呀,我来找个新的朋友大家拉拉手。"教师边演唱边去找一个小朋友和他拉拉手。

师:我是谁呀?你觉得歌词里面最有趣的是哪里?这个字藏在名字的什么地方?

(3) 唱出自己的名字。

(4) 你会唱出自己的名字吗?

教师请一位幼儿起立,示范唱出该幼儿的名字,大家模仿学习。

(5) 随着钢琴伴奏,每位幼儿试着唱出自己的名字。

2. 音乐游戏:找朋友。

(1) 请一位幼儿起立,一边唱一边去找好朋友,其他小朋友唱自己的名字。

(2) 游戏反复进行。

● **活动分析：**

对孩子来说,把自己的名字用歌唱的方式介绍给他人,既有趣,又具有挑战性。《把我的名字唱出来》歌曲旋律流畅生动,歌词单一,不过节奏有些快,所以初次学唱的时候,老师要放慢节奏,帮助幼儿掌握旋律。在学习替换自己名字的时候,可以有意识地引导大年龄的幼儿学习替换的方法,如:两个字、四个字的名字如何唱? 如,我是小×小×(我是××××)。另外,需要考虑的是,当一个小朋友站起来,唱自己的名字去邀请朋友的时候,其他小朋友也要唱自己名字,这样班里的声音就比较杂乱,导致小朋友们听不见在唱什么,容易被别人带走。所以老师马上就调整方案,让其他幼儿均站起来唱去邀请朋友,这样就整齐多了,也激发了小朋友去邀请好朋友的积极性,自己的名字也有机会被全班的小朋友唱出来,从而产生自豪感。这首歌宜在大年龄孩子学会唱以后再加入小年龄孩子,通过互动可以帮助小年龄孩子认识大年龄孩子的名字。

活动五:我和弟弟妹妹在一起(入园观察记录表)(混龄班)

● 活动目标:

(大班)在大带小的游戏活动中,能主动关心照顾弟弟妹妹,增强对弟弟妹妹的照顾意识;并能根据自己在互动中对弟弟妹妹的观察,进行有目的的记录,提高观察记录能力。

(小班)认识带自己游戏的哥哥/姐姐,愿意跟随他们游戏,增进对哥哥姐姐的喜爱。在游戏中减缓入园焦虑情绪。

● 活动准备:

新生入园观察记录表。

● 活动过程:

1. 迎接弟弟妹妹。

鼓励大孩子早早到幼儿园,迎接自己的弟弟妹妹。

2. 大带小一起选择区域活动。

3. 大小互动游戏"爬呀爬"(相互认识:我是____哥哥/姐姐;我是____弟弟/妹妹)

4. 大带小户外游戏活动。

5. 记录观察记录表。(在幼儿绘画记录的时候,教师可结合幼儿的讲述在其记录表上用文字进行注解)

6. 相互交流记录表记录的情况,并进行评价与指导,帮助幼儿更好地记录。

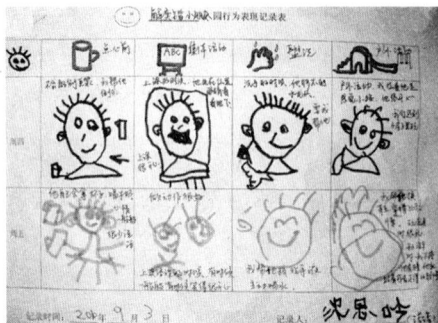

第一份观察记录表   第二份观察记录表

● 活动分析:

通过组织新生与大孩子的互动活动,增进了大小孩子间的熟悉感。从孩子们的互动中,我们看到大年龄孩子已经显现出初步的责任意识,尤其是班里的几个女孩子,照顾弟弟妹妹特别有耐心。相对来说,男孩子则表现一般,需要教师不断地提醒与引导。对于他们的行为,还是要多鼓励,不能一下子提高要求,否则会打击他们的积极性。在记录观察表时,孩子们因为有了先前的互动,对新生的印象就比较深刻,对记录的活动非常有兴趣。但是记录的内容上孩子们大多以记录心情为主,对新生焦虑的表现类型区分不明显(与孩子的绘画表现技能有限也有一定的关系)。在记录表的交流评价环节中,教师可做一些引导,帮助记录能力差的孩子学会向同伴学习。

活动六:夸夸弟弟妹妹(中大班)

● 活动目标:

能发现弟弟妹妹在园的良好行为表现,并能积极地想出一些合适的语言或行为对弟弟妹妹的表现进行鼓励和赞美。

● 活动准备:

彩色纸片若干、嘴和手轮廓的色纸若干、笔、胶水。

● 活动过程：

1. 交流与弟弟妹妹的互动。（混龄班）

"这些天你有带弟弟妹妹一起玩吗？"

2. 说一说：弟弟妹妹进步的地方。

"你发现了弟弟妹妹哪些进步的地方？"（教师在纸上画出孩子们所讲的）

3. 想出一些夸弟弟妹妹的方法。

教师将幼儿想出的办法画在嘴和手相应的色纸上。（中大班）

4. 延伸活动：在日常生活中运用想出的方法对弟弟妹妹的进步表现进行表扬，并记录在记录表上。

● 活动分析：

在上次的活动中，教师有意识地将大小孩子间的互动用照片和摄像的方式记录下来；并进行了回放。对大孩子中出现的好的行为进行肯定的同时，也起到榜样示范作用。而小年龄的孩子在照片欣赏中，可以再次感受游戏的快乐及哥哥姐姐对他的关心及照顾，帮助其缓解入园的焦虑情绪。通过大小孩子间的交往互动，大孩子能够发现新生许多进步的表现，并想出了很多夸赞他们的方法，如：鼓掌、拥抱、大拇指、亲、称赞"你真棒""你真乖"等。教师利用不同形状的纸头（嘴、手）将言语和行为夸赞的方法进行了有意识的分类，使得孩子们对夸赞的方法一目了然，最后张贴在主题墙上起到提示和引导的作用。

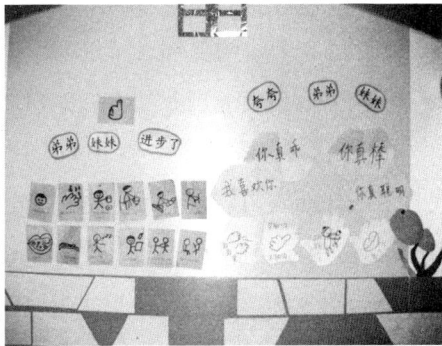

在活动后,对记录表的记录内容进行了相应的调整(记录弟弟妹妹进步的表现及自己夸赞方法的使用),一方面让孩子的记录有些新的变化,另一方面也是这次活动的延伸和运用。

活动七:开门关门找好朋友(混龄班)

● 活动目标:

1. 学习儿歌,并在念儿歌的同时使用正确的动作。

2. 饶有兴趣地边念儿歌边"关住"自己的好朋友,在大年龄孩子的主动邀请下,小年龄孩子能较快地融入集体游戏中。

● 活动准备:

哥哥姐姐和弟弟妹妹之间已经有了感情基础。

● 活动过程:

1. 介绍游戏。

(1)师:"哇,你们今天这么快就坐好了! 现在老师特别想找一个好朋友一起玩一个游戏,你们看老师是怎么找到好朋友的。"

(2)老师边念儿歌,边配上动作。"开门,关门,开门,关住一个好朋友,请问你叫什么名字呀? 你好,再见!"

(3)师:"我是怎么找好朋友的?(念儿歌)在念儿歌的时候我是坐在这里的吗? 我是怎么做动作的? 你会吗? 请你来学一学。"

2. 幼儿学习儿歌,并配上动作念儿歌。

(1)幼儿跟着老师做动作学习儿歌。(2—3遍)

(2)请2个幼儿上来表演做动作念儿歌。(2—3对)

3. 游戏:开门关门找朋友。

(1)模仿《把我的名字唱出来》的形式,先请两个幼儿,分别边念儿歌边去找自己的好朋友,被请到的幼儿和他们一起再去找另外的朋友,直到大家都被请到了,然后互相换朋友。

● 活动分析:

开学已经有近一个星期,哥哥姐姐已经慢慢认识了新的弟弟妹妹,弟弟妹妹也对这个集体慢慢熟悉起来,这个游戏对增进他们之间的感情有一定的帮助。此外,"开门关门"是孩子在平时生活中接触比较多的一个行为,而用自己的手作为一扇门,无疑为儿歌增添了许多乐趣,孩子也会觉得很新鲜,"关住一个好朋友",这多么充满童趣呀! 活动中,有个别弟弟妹妹把开门关门的动作做反了,这时会有哥哥姐姐教他们正确的动作,这是很好的现象。在集体玩这个游戏的时候,一开始由于托班的弟弟妹妹很少主动游戏,而哥哥姐姐去关的朋友又大都是和自己同龄的好朋友,没有注意到托班的弟弟妹妹,导致托班的弟弟妹妹都坐在椅子上。望眼过去,似乎哥哥姐姐撇下了弟弟妹妹,但在老师的提醒后这样的情况好多了。所以在活动中,尤其是有刚进来的弟弟妹妹的时候,老师要时刻提醒哥哥姐姐去关住弟弟妹妹。

活动八：帮助弟弟妹妹(中大班)

● 活动目标:

能积极参与讨论弟弟妹妹在园中需要帮助的地方,并想出一些有效的方法帮助弟弟妹妹适应幼儿园生活。

● 活动准备:

色纸若干、胶水、笔。

● 活动过程:

1. 交流记录表。回顾自己小弟弟妹妹进步的地方及自己对她(他)的夸赞。

2. 画一画弟弟妹妹在幼儿园遇到的困难。

3. 交流并将困难进行归类。

4. 交流:如果你看到弟弟妹妹遇到这些困难,你会怎么做?

5. 学说:我来帮助你好吗? 要我帮忙吗?

6. 延伸活动:鼓励大孩子在日常生活中积极帮助弟弟妹妹,然后记录在记录表上。

● 活动分析:

从孩子们绘画的困难,我们可以看出大孩子对于小年龄幼儿在园将遇到的困难有一定的经验基础。在结对子互动中,因为交往的密切,基本上都是在观

133

察的基础上绘出真实的情况。

通过总结困难的种类,大致可以分为:生活自理、学习、受伤三大类。在讨论如何帮助弟弟妹妹的时候,教师的引导要有侧重,如生活自理、学习上的困难,教师要重点引导孩子们学会尊重弟弟妹妹,尤其是要学会询问:"要我帮忙吗?"而不是一味地代替小年龄孩子做事情,从而剥夺了小年龄孩子学习独立的权利。在受伤时,重点突出引导大孩子学会关心和安慰弟弟妹妹,学会用正确的方法帮助他们。

活动九:哥哥姐姐真棒(中大班)

● 活动目标:

1. 能大胆讲述自己照顾弟弟妹妹的事件及照顾的方法;增强照顾弟弟妹妹的责任感,体验助人的快乐。

2. 面对与弟弟妹妹的互动过程中遇到的困难,能想出相应的策略,提高解决问题的能力。

● 活动准备:

白纸若干、笔、胶水。

● 活动过程:

1. 交流自己的记录表,说说自己是如何照顾弟弟妹妹的。

2. 说一说自己在照顾弟弟妹妹时遇到的困难。

3. 讨论解决的办法。

4. 延伸活动:继续鼓励大孩子帮助弟弟妹妹,做一个好哥哥好姐姐。

● 活动分析:

在大小互动中,大孩子们也会遇到挫折,从而打击他们助人的积极性。尤其是对那些入园焦虑比较明显的孩子,有时候不太愿意哥哥姐姐带他们活动;而另外一些规则意识欠缺,不受约束的孩子,往往在与大孩子互动的时候,也问题多多。教师在孩子们讲述的过程中,要有意识地将孩子们的困难进行归类总

结,然后有针对性地引导幼儿想出一些切实可行的办法,最后通过一些激励的手段(拥抱、夸赞、贴纸等),再次激发孩子们助人的积极性。

活动十:爱心哥哥/姐姐(中大班)

● 活动目标:

能用绘画的方式表现出自己对弟弟妹妹的帮助情景,并能用语言对情景进行完整的描述;增强责任感,体验助人的快乐。

● 活动准备:

爱心色纸若干、笔、胶水。

● 活动过程:

1. 爱心天使的故事引出活动。

2. 请幼儿画出自己助人的情景。

3. 幼儿讲述自己绘画的情景内容,教师发放爱心贴纸。

4. 延伸活动:鼓励幼儿做爱心哥哥/姐姐,并以爱心贴纸作为奖励。

● 活动分析:

为了持续激发孩子们帮助弟弟妹妹的积极性,我们特意编了爱心天使的故事,激发孩子们争做爱心哥哥/姐姐的想法。我们还给有助人行为的哥哥姐姐发"爱心",孩子们因为有了这样的称号和粘纸,都纷纷讲述自己的助人事件,助人的意识再次得到巩固和强化。

活动十一:"我喜欢弟弟妹妹"绘画(中大班)

● 活动目标:

能够通过绘画和讲述的方式总结归类一些表示对弟弟妹妹喜爱的行为,激发做哥哥姐姐的责任心,愿意做一个爱心哥哥/姐姐。

● 活动准备:

爱心卡片、胶水、笔。

● 活动过程:

1. 通过交流肯定哥哥姐姐的好表现。

2. 画出喜欢弟弟妹妹的行为表现。

3. 通过交流进行归类总结,得出一些具体的表现喜欢弟弟妹妹的行为。

4. 延伸活动:继续鼓励幼儿做爱心哥哥姐姐,并以爱心贴纸作为奖励。

● 活动分析:

在大小孩子的互动中,我们已经看到了大孩子的进步,如:大孩子中开始出现一些有意识地夸赞小年龄孩子的行为。在弟弟妹妹表现好的时候,他们会说"你真乖""你真棒"等,有的孩子会给弟弟妹妹一个拥抱。在帮助弟弟妹妹的时候,也开始会询问他们的感受。大孩子与小年龄孩子的感情慢慢地加深,在这一基础之上,我们引出今天的活动"我喜欢弟弟妹妹",让孩子们把喜欢弟弟妹妹的表现用绘画的方式记录下来,然后通过总结,我们得出了6种喜欢弟弟妹妹的表现:(1)夸奖弟弟妹妹;(2)帮助弟弟妹妹;(3)带弟弟妹妹一起玩;(4)给他们讲故事;(5)带他们一起学本领;(6)逗他们开心。通过这样的总结,让孩子们知道了喜欢不只是嘴上说说而已,还需要用一些行动表现出来。

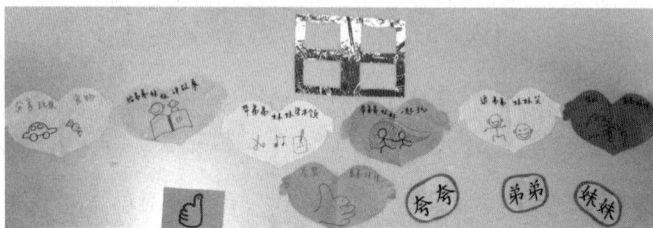

活动十二:"我喜欢弟弟妹妹"记录表(中大班)

● 活动目标:

强化对喜欢弟弟妹妹的行为表现的认识,通过记录自己的行为,增进对弟弟妹妹的关心和喜爱。

● 活动准备:

爱心天使的信、记录表、笔。

● 活动过程:

1. 爱心天使来信了。

2. 熟悉记录表的内容。

3. 学习记录的方法。

4. 幼儿自由记录。

5. 延伸活动：交流幼儿的记录表，统计不同表现行为的爱心哥哥姐姐的数量。

● 活动分析：

在上一次活动的基础上，我们延伸出另一份观察记录表——"我喜欢弟弟妹妹"，让孩子们记录下自己的行为，看看自己在哪些方面做得好，哪些方面还不够。活动第一环节，通过爱心天使来信，把上一次活动中的分类行为再次让孩子们进行了识记，帮助他们明确了记录的内容，为后面的观察记录做好了准备。

在延伸活动中，通过交流记录表，并对各类行为进行了统计，结果发现一个现象，"给弟弟妹妹讲故事"和"通过表演逗弟弟妹妹笑"这两项内容的行为最少，所以自然而然引发了"给弟弟妹妹讲故事""给弟弟妹妹表演"这两个活动。通过投票少数服从多数，孩子们先选了"给弟弟妹妹讲故事"。

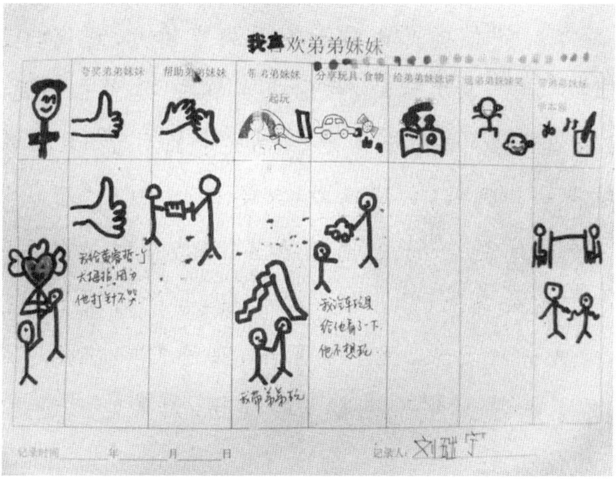

活动十三：给弟弟妹妹讲故事(一)(中大班)

● 活动目标：

愿意为弟弟妹妹挑选一本合适的故事书，自己尝试学会讲述故事内容。

● 活动准备：

故事书。

● 活动过程：

1. 由记录表引出活动。

2. 讨论：弟弟妹妹喜欢看什么样的故事书？什么样的故事书适合弟弟妹妹看？

3. 挑选故事书。

4. 讨论：如何给弟弟妹妹讲故事。

你会讲故事吗？不认识字怎么办？怎么给弟弟妹妹讲故事？

5. 为弟弟妹妹挑选一本合适的故事书。（引导幼儿挑选自己会讲的或者简单的故事书）

6. 幼儿自由学习讲述故事书。

● 活动分析：

以前大孩子给弟弟妹妹讲故事的行为都是在日常生活中随机渗透，教师并没有做过多的引导。这一次，我们改变了以往的做法，重点引导大孩子学会如何讲故事。不仅提升大孩子的讲故事能力，还突出了大小孩子在讲故事中的互动交流。本次活动，我们重点解决"选什么书适合？""如何讲故事""不认识字怎么办"这 2 个问题。大孩子们对于"什么书适合弟弟妹妹"还是能总结出一些标准"故事简单、字要少"。对于"不认识字怎么给弟弟妹妹讲故事"这一问题，孩子们也总结出"自己看图编故事讲"或者是"选一本字少的、熟悉的故事来讲"。但是活动中，孩子们还是会出现自己喜欢什么书而挑选什么书的现象，至于难不难，孩子们有时候还是容易以自己的主观立场考虑。教师可做一些适当的引导，如果他们还是执意要选，教师也不要勉强他们做更换。

活动十四：给弟弟妹妹讲故事（二）（中大班）

● 活动目标：

学会有声有色地讲述故事内容，并尝试为故事内容设计一些简单的、与弟弟妹妹互动的提问。

● 活动准备：

幼儿挑选的故事书若干。

● 活动过程：

1. 引出活动。

"昨天我们已经为弟弟妹妹挑选了一本故事书，你们都会讲了吗？"

2. 讨论：怎样可以把故事讲得很动听？让弟弟妹妹喜欢听？

3. 幼儿再次尝试学习讲述故事。

4. 交流分享：请个别幼儿上来讲述故事。

5. 讨论：如何与弟弟妹妹互动？在讲故事的时候可以给弟弟妹妹提一些什么问题？

6. 幼儿设计提问。

7. 交流提问。

8. 延伸活动：请幼儿将故事书带回家，尝试先讲给爸爸妈妈听，并练习提问。（家长配合）

● 活动分析：

在上一次活动的基础上，我们为孩子们创设了一个试讲述的环节，让大孩子逐个上来讲一讲故事，通过孩子们的切身经验来交流和总结"如何讲故事更生动好听"，从而提高孩子们讲故事的能力。在讲述的过程中，孩子们的确能够发现别人讲故事中不足的地方，但是对于自己在讲的时候出现的问题，却容易疏忽，所以教师可以将孩子们讲述的过程拍摄下来，在课后播放给孩子们看，孩子们也许能更客观地评价自己的行为。

在这次活动中，原本还有一环节，让孩子设计问题，并讨论交流。但是实际操作需要很长的时间，所以将这一环节更改为"家庭延伸活动"，为此设计了一封"给爸爸妈妈的信"，让爸爸妈妈配合孩子继续学习讲述故事，同时引导孩子们设计一些与弟弟妹妹互动的问题。这样一来，充分地利用了家长资源，起到了一定的效果。

活动十五：给弟弟妹妹讲故事(三)(混龄班)

● 活动目标：

(中大班)能耐心地带着弟弟妹妹边看书边讲述故事,并能进行一些简单的互动,体验讲述故事的快乐。

(小托班)乐意倾听哥哥姐姐讲述的故事,愿意与哥哥姐姐进行互动;从互动中,感受哥哥姐姐的能干。

(混龄班)体验一起分享故事的快乐。

● 活动准备：

幼儿自选的故事书、爱心、五角星贴纸。

● 活动过程：

1. 引出活动。

2. 大带小讲述故事。

3. 交流评价。

● 活动分析：

通过前两次的活动,孩子们对讲述故事的兴致很高,在讲述过程中,各个都非常认真。因为先前有设计提问的准备,所以大孩子与小孩子的互动也比以前只顾着自己讲要好得多。在活动最后交流评价环节,教师将评价的主体让给了弟弟妹妹,请他们逐一上来,进行了一些简单的互动,如:"哥哥/姐姐给你讲了一个什么故事?""里面有谁?""哥哥姐姐故事讲得好听吗?"……然后表扬小年龄的孩子认真听故事,并给予贴纸奖励。最后,又给弟弟妹妹一个五角星贴纸,让他们送给哥哥姐姐,并谢谢哥哥/姐姐,夸赞哥哥/姐姐"你真棒!""故事讲得真好听!"大孩子在得到弟弟妹妹的肯定时,喜悦的心情尽显于表。

活动十六：小动物吃东西(混龄班)

● 活动目标：

大年龄孩子：能用笔画出张大嘴巴的动物头像,学习用正确的方法引导弟弟妹妹参与手工活动。

小年龄孩子：乐意和哥哥姐姐一起做手工，学习将皱纸揉成团并贴在动物嘴巴里。

● 活动准备：

动物图片若干、白纸、记号笔、皱纸若干、胶水、小盘子，湿毛巾。

● 活动过程：

1. 引出动物图片。（引导大孩子观察动物脸部特征，也给小年龄幼儿互动的机会）

师："老师用手竖起两只长耳朵，请小朋友们猜谁来了？"（出示小兔）

"还有一只小动物，它有两只尖尖的耳朵，你们猜是谁？它会喵喵叫？"（小猫）

2. 情境游戏，激发幼儿制作的兴趣。

小动物们饿了，张开大大的嘴巴。（教师示范画张大嘴巴的动物。可结合念儿歌：小猫饿了、喵呜喵呜；小狗饿了、汪汪汪汪……）

给它们吃什么呢？（与孩子们互动，出示皱纸，教师示范用皱纸团成团然后粘贴在动物的嘴巴。）

3. 大小幼儿两两结对进行活动——"小动物吃东西"。

大孩子画动物头像（重点画出动物的耳朵特征），然后带领弟弟妹妹一起给小动物们做好吃的。

4. 结束：一起检查小动物们都有没有吃饱。

● 活动分析：

活动围绕同一个内容根据不同年龄孩子的能力水平进行了比较合理的分工，从而使得大小孩子都可以参与其中。通过"小动物吃东西"情境的创设激发了幼儿参与的热情。在制作的过程中，大年龄的孩子起着主导作用，不仅要自己绘画，还要协调好与弟弟妹妹的分工，这对大年龄孩子也是一种挑战。有些大的孩子在制作中，会出现只管自己做，却让弟弟妹妹坐在旁边旁观的情况；或者有的弟弟妹妹不会做，哥哥姐姐也不给他们示范和帮助。这都说明孩子的合作、互助意识还比较欠缺，需要老师的引导。活动中，大孩子能独立完成绘画是本次活动的基本前提，有个别孩子在画动物嘴巴的时候不够大,还有的是因为动物头部一开始画得比较小而影响到嘴巴的大小,这也说明对孩子进行指导的时候需要帮助孩子学会合理安排画面,建立空间大小的概念。

活动十七:瓶花(混龄班)

● 活动目标:

1. 能用对折的方法撕出各种形状的花瓶,并学习撕细长的纸条。

2. 乐意撕贴小花并贴在枝条上,喜欢手工制作活动。

3. 在共同制作的过程中,体验合作的愉快。

● 活动准备:

教师准备范画一张、黑色卡纸、绿色彩纸和其他颜色的彩纸若干、胶水、水彩笔。

● 活动过程:

1. 出示教师制作的瓶花。

师:这是什么?你看到什么颜色的花?这瓶花是用什么方法做的?

2. 引导幼儿学习制作瓶花的方法。

(1)学习撕贴对称花瓶的方法 。

师:请仔细看花瓶,你发现花瓶有什么特点?用什么方法可以撕出对称的花瓶?

(2)学习撕细长的纸条和小小的花。

师:怎样可以撕出长长的纸条?(让大年龄孩子尝试)

师:怎样撕小小的花朵?(请小年龄孩子上来撕出小花并粘贴)

3. 合作制作瓶花。

师:请哥哥姐姐做花瓶和枝条,完成之后可以装饰下花瓶,弟弟妹妹做小花,一个哥哥姐姐带着一个弟弟妹妹去工作吧。

● 活动分析：

孩子对制作瓶花的积极性还是挺高的,可是在过程中,也遇到了一定的问题。在找大年龄孩子做"撕对称花瓶"示范的时候,发现对孩子来说有一定的难度,所以临时采用画对称花瓶,用剪刀剪的方法,大年龄孩子还是完成得不错的。但是小年龄孩子撕贴小花,有些孩子把花撕得很大,有些就在纸条上贴了几朵,教师应该在工作之前把要求说清楚。合作上面也有一定的问题,有些大年龄孩子自己在撕贴花,小年龄的孩子就坐在边上看,"如何让孩子有效地完成自己的任务",是混龄主题活动值得思考的问题。

活动十八：我们都是好朋友(混龄班)

● 活动目标：

(中大班)学习演唱歌曲并能用乐曲中的节奏唱自己的名字;乐意主动带着弟弟妹妹跳舞,并帮助他们用乐曲中的节奏唱出自己的名字。

(小托班)初步理解歌词内容并学唱,能在哥哥姐姐的带动下学做简单的动作,体验音乐游戏的乐趣。

● 活动过程：

1.引出活动。

2.学唱歌曲《我们都是好朋友》。

(1)教师示范:轻唱歌曲,并带着一个孩子跳舞。

(2)提问:和好朋友做了哪些动作?

3.节奏练习。

请大孩子将自己的名字用节奏唱出来。然后帮助弟弟妹妹一起唱名字。(唱名字的时候,用手拿着弟弟妹妹的手帮助拍打节奏)

4.一起来学跳舞。

5.游戏互动。

● 活动分析：

本次活动的重点是按节奏唱自己的名字,对小年龄的孩子有一定的难度,所以在这一环节,教师先引导大孩子学会替换自己的名字,然后着重引导大孩子帮助弟弟妹妹感知节奏并陪同其一起唱。这样一来,小年龄孩子学习的难度就降低了,而大孩子在不断地练习中也掌握了节奏难点。

小托班活动线索
活动一:魔术师来了(小托班)

● 活动目标:

被魔术师表演所吸引,产生接纳、佩服、喜欢老师的情感;能初步参与到活动中来,体验参与活动的乐趣。

● 活动准备:

自制魔盒、小丑头饰。

● 活动过程:

1.观看魔术表演。

(1)师:马戏团里,有一个小丑魔术师特别喜欢小朋友,它听说你们都上幼儿园了,就跑来给大家表演魔术。我们一起来欢迎小丑魔术师吧。

(2)教师带上小丑头饰,向小朋友有礼貌地问好:"小朋友们好! 我是小丑魔术师,听说你们是一群爱看魔术表演的好孩子,我特别喜欢你们,准备好了吗? 我的表演马上就要开始了!"

(3)教师手拿魔盒,请幼儿猜猜盒子里有没有东西,并请个别幼儿伸入洞中摸一摸。

(4)当幼儿认为没有东西时,教师可以摇动盒子,让幼儿听到里面的声音,激发幼儿的好奇心。

(5)教师边说"变变变",边迅速地从下层拿出玩具,给幼儿惊喜的体验。

(6)"你们还想看我变魔术吗?"教师以神秘的神情逐一变出各种各样的东西。

2.玩玩具和吃糖果。

(1)请幼儿玩一玩从魔盒里变出来的玩具。

(2)请幼儿品尝一下从魔盒里变出来的糖果。

"你们今天开心吗? 下次我还会来和你们做游戏的,再见!"

● 活动分析：

游戏的趣味性和参与性,是吸引新生眼球的关键;好吃的糖果和好玩的玩具也是小孩子最感兴趣的。即使哭闹的孩子也会不自觉地为之停止哭泣。并通过参与游戏,让小孩子感受到片刻的快乐。同时,通过与孩子的互动,使孩子乐意亲近老师,愿意跟随老师参加活动。

活动二：高高兴兴上幼儿园(小托班)

● 活动目标：

1. 学习安静欣赏故事,理解故事内容,体验小动物上幼儿园的愉快心情。

2. 学习短句：我高高兴兴上幼儿园。

● 活动准备：

手偶一个。

● 活动过程：

1. 出示小猪手偶,引发幼儿兴趣。

师：“小朋友们好,欢迎你们来幼儿园,你们看看谁也来幼儿园了呀?”

2. 教师运用手偶表演,完整讲述故事第一遍。

师：“小猪高高兴兴上幼儿园,路上遇到了谁?”

师：“让我们再把故事听一遍,竖起你的小耳朵哦。”

3. 教师运用手偶表演,第二遍讲述故事。

师：“小猪在路上到底遇到了谁?”

师：“他们是怎么叫的? 我们一起来学学看,好不好?”

师：“他们三个好朋友,手拉手,高高兴兴上幼儿园去了。我们一起说一说‘我高高兴兴上幼儿园’。”

● 活动分析：

第一遍故事讲述时,孩子都听得比较认真,回答问题比较积极。可是到了第二遍,孩子参与的积极性就下降了,有些孩子也出现了注意力不集中的现象。这跟讲故事的语言平淡有关系,没有引起孩子的注意,语言上应该注意调整。

小班幼儿整个活动只是坐着安静地听故事,对于他们来说应该增加一些参与环节。比如可在故事两遍讲解完毕后,增加角色扮演,让孩子动起来。这样既可吸引孩子的注意力,也可增强孩子对故事的理解。

活动三：幼儿园是我家(小托班)

- **活动目标：**

1. 能跟随老师念儿歌,感受儿歌的韵律,体验欢乐的情绪。

2. 产生喜爱上幼儿园的情感。

- **活动准备：**

父母在家多讲讲幼儿园好玩的事,以加深孩子对幼儿园的好感。

- **活动过程：**

1. 引入主题。

师："今天是弟弟妹妹来幼儿园的第三天,老师要开着小火车,带着你们去参观我们的幼儿园,好不好?"

2. 参观幼儿园。

参观时教师向幼儿介绍每个场所的名称和用途,并引导幼儿说一说：这是什么地方? 这里有什么? 这里可以干什么? 加深对幼儿园的认识。

3. 学习儿歌《幼儿园是我家》。

师："我们今天的小火车开到了哪里?"(让幼儿回忆,加深记忆)

师："幼儿园就跟我们的家一样,现在我们来一起学一学《幼儿园是我家》这首儿歌好不好?"(配合动作,进行教学)

- **活动分析：**

新生来园才第三天,入园焦虑情绪还比较明显,对新环境也比较陌生,儿歌的学习也是比较机械,没有真正让孩子感受到幼儿园是自己的家。个人觉得过一段时间,等孩子对幼儿园有一定的熟悉,建立一定的感情后再进行儿歌的教授,效果会更好。

活动四：朋友,你好(小托班)

● 活动目标：

1. 熟悉歌曲旋律,学习演唱歌曲,在会唱的基础上,利用小标志寻找自己的朋友。

2. 喜欢集体游戏,体验游戏的快乐 。

● 活动准备：

各种颜色、各种形状卡片(数量与幼儿人数相等,每种数量为偶数);幼儿有邀请舞的经验。

● 活动过程：

1. 情境表演引出活动。

2. 学习找朋友的歌,一边唱歌一边找到新的朋友。

(1)教师清唱一遍后,提问：歌曲里找到朋友以后是怎么做的?

(2)幼儿轻声地跟着教师唱2—3遍。

(3)教师边唱歌边做动作,去找朋友,请幼儿说说每一句歌词做了什么动作。

"找个朋友,找个朋友"——集体一起拍手;

"我们拉拉手"——找到朋友互相拉手;

"朋友你好,朋友你好"——两个同伴互相击掌一下;

"我的好朋友"——两人招招手。

(4)跳邀请舞,幼儿边唱歌边找好朋友,第二遍时换朋友。

3. 利用各种颜色各种形状找到好朋友,对方的颜色和形状一定要和自己的一样,才算成功。

(1)出示颜色形状卡片(圆形、正方形、长方形、三角形;蓝色、红色、黄色、绿色),每人一张卡片,当幼儿找到的朋友的卡片和自己的颜色、形状都一样,就算成功。

(2)交换卡片,继续游戏。

● 活动分析：

在进行这个活动的时候,大部分幼儿已经对邀请舞有了比较深的了解,只有新的弟弟妹妹还不太熟悉。不过,这首曲子大年龄孩子已经比较熟悉,在活动过程中,老师尽量让大的孩子去带小的孩子,找他们做朋友,这样不至于冷落了他们,也好让他们尽快参与到游戏里来,融入游戏。到了通过颜色、形状卡片找朋友的环节,是一个高潮部分,既增加了难度又激发了小朋友的兴趣。

活动五：小鸭找妈妈(混龄班)

● 活动目标：

1. 能认真倾听故事,理解故事内容。

2. 在参与表演的过程中,懂得在幼儿园要和大家一起,不能随便离开集体。

● 活动准备：

小鸭子头饰 5 个、鸭妈妈头饰 1 个。

● 活动过程：

1. 引出故事、讲述故事内容。

(1) 鸭妈妈(教师扮演):"嘎嘎。你们好,我是鸭妈妈,我有好多小宝宝,你们来数数有几只?"

(2) 有表情地讲述故事一遍。

2. 请哥哥姐姐和老师一起表演节目。

教师边讲故事边请哥哥姐姐一起进行表演。

3. 哥哥姐姐讲述故事,老师带领小托班幼儿进行表演。

总结：在幼儿园里,宝宝们也要像小鸭子一样跟着老师,不离开集体。

● 活动分析：

活动的目的是帮助新生建立安全和集体意识,不随便离开班级和老师。故事内容比较简单,哥哥姐姐很快就能进行现场表演,起到了给弟弟妹妹进行示范带动的作用,不仅使小年龄幼儿的注意力更持久,也激发了小托班孩子表演的兴趣。通过孩子们的互动表演,帮助新生建立了集体和安全意识,活动最后,教师及时引导大年龄孩子一起想出一些好办法帮助那些离开集体的孩子回到团队,也让大孩子产生了关注弟弟妹妹安全的意识。

活动六:碰一碰(混龄班)

- 活动目标:

乐意和哥哥姐姐一起唱歌。在游戏中感受活动的乐趣。

- 活动过程:

1. 安静活动:儿歌《小手变魔术》。

2. 学习歌曲,引导幼儿大胆创编动作。

师:"今天我们要学唱一首歌曲《碰一碰》。"(老师弹唱一遍)

师:"好听吗?我们再来一遍吧。"(启发幼儿探索身体的哪些部位可以与别人碰一碰,并请幼儿试一试)

3. 音乐游戏《碰一碰》。

师:"请小朋友起立,哥哥姐姐去找一个弟弟妹妹碰一碰。请听音乐。"(幼儿听着音乐,在活动场地自由地找,并能跟随音乐自由地做动作。当音乐停止时,教师说碰什么地方,哥哥姐姐和弟弟妹妹碰相应的地方)

- 活动分析:

整个活动环节比较紧凑,这首歌曲对大年龄的孩子来说比较熟悉,但对于小年龄孩子来说还比较陌生,只能跟着音乐做动作。哥哥姐姐找弟弟妹妹碰一碰,是整个活动的高潮,这个环节孩子玩得比较开心,弟弟妹妹在哥哥姐姐的带领下,一起碰一碰,也增进了他们之间的友谊。

活动七:大皮球、小皮球(混龄班)

- 活动目标:

扮演不同角色进行合作游戏,发展跳和跑的动作;体验参与集体游戏的快乐。

- 活动准备:

皮球一个。

● 活动过程：

1. 热身活动。

2. 教师出示皮球，让孩子观察拍皮球的过程（不同轻重手势，皮球跳跃的变化），并请幼儿模仿皮球跳的动作。

根据儿歌内容，让幼儿练习跳的动作。

儿歌："大皮球小皮球，圆溜溜，拍一拍，跳一跳，拍得轻，跳得低，拍得重，跳得高；哎呦，不好了，皮球逃走了。"

3. 游戏：大皮球、小皮球。

玩法：教师扮演拍皮球的人，幼儿一起跟随老师念儿歌做动作，当念到"不好了，皮球逃走了"，幼儿就四散逃跑，教师去捉皮球。

4. 放松运动。

5. 延伸变化：大年龄幼儿扮演拍皮球的人，小年龄幼儿扮演皮球。（游戏结束后，交换角色）

● 活动分析：

游戏中的儿歌比较简单形象，又朗朗上口，孩子们在游戏的过程中很快就学会了。儿歌给了小年龄孩子很好的提示，让他们乐意参与进来，在和大孩子的互动游戏中，体验到了合作游戏的快乐。大孩子追小年龄的孩子或由小年龄的孩子去追大孩子的游戏情境，提供了新生和老生之间的互动和亲近的机会。在活动中身体动作了也得到了发展。不过要注意的是，要交代大孩子在奔跑过程中学会主动避让弟弟妹妹，以免发生碰撞事故。在追对方的时候要用合适的方法处理，如：捉到对方后，不要用力拉扯，碰到身体即止，或手拉到手就算是皮球被抓住了。

活动八：我带宝贝上幼儿园(小托班)

● 活动目标：

1. 能说出自己喜欢的物品的名称，知道每个人都有自己喜欢的宝贝。

2. 能表达自己的喜爱之情，并与他人分享自己喜爱的物品。

● 活动准备：

事先通知，让幼儿带一件自己的宝贝来幼儿园。

● 活动过程：

1. 引入主题。

师："今天有好多小朋友的小耳朵特别灵,把老师说要带宝贝来幼儿园的事情记住了,请这些小朋友去拿来你的宝贝,在位置上坐好吧。"

2. 请幼儿介绍宝贝名称和喜欢的原因。

师："现在老师要请小朋友上来给我们大家介绍下你的宝贝是什么? 给我们讲讲你喜欢它的原因。"(请个别幼儿上来展示介绍宝贝)

师："你们听清楚这个宝贝叫什么吗?"(问其他下面的幼儿)

3. 幼儿之间分享自己的宝贝。

师："今天好多小朋友都带来了自己的宝贝,就请你和其他的小朋友分享自己喜欢的宝贝吧。"(幼儿自由活动,交流分享宝贝)

● 活动分析：

带宝贝来的孩子上课的参与程度比较高,没带宝贝来的孩子比较没兴趣。孩子对宝贝的理解还仅仅是在玩具上面,只有一个大班孩子带来了获奖证书和自己做的手链。在上课前应给孩子讲讲什么样的东西是宝贝,让孩子对宝贝有一定的理解。还有一个就是要让孩子明白这个物品不仅是宝贝,而且是可以和朋友一起分享的宝贝。虽然那个大班孩子带来了自己的获奖证书,可是,和朋友一起分享是不合适的,所以在进行教学活动前,应该充分考虑各种会出现问题的地方,提前清除障碍,这样的教学活动才是有效的。

活动九：小乌龟上幼儿园(小托班)

● 活动目标：

1. 尝试控制自己的情绪,能安静地倾听老师讲故事。

2. 乐意主动和同伴朋友一起玩,逐渐适应集体生活。

● 活动准备：

小乌龟、小青蛙、小鸭子手偶。

● 活动过程：

1. 出示小乌龟手偶,引起兴趣。

师："小朋友们好,我是小乌龟。今天我要上幼儿园了,一开始真有点不好意思,可是我现在有好几个朋友了,你们想听故事吗?"

2. 故事讲述第一遍。

师:"小乌龟现在可开心了,他在幼儿园里有了自己的好朋友,是哪些小动物啊?"

师:"小乌龟一开始进幼儿园,他是缩着头的,为什么呢?"

师:"小青蛙来了,在上面又唱又跳,他觉得好玩吗?"

师:"小鸭子来了,在乌龟壳上面又敲又唱,他觉得好玩吗? 后来他们成了好朋友,真棒!"

师:"你们想不想把故事再听一遍?"

3. 故事讲述第二遍。

4. 小结。

师:"今天我们听了这个好听的故事,小朋友要学学小乌龟,一开始虽然有点难为情,可是后来学着找朋友,跟朋友一起唱歌,真开心!"

● 活动分析:

整个环节下来,孩子听故事的反应还是不错的,听第二遍的时候,有些孩子就有点坐不住了。在故事讲解过程中,可让孩子坐坐动作,学小青蛙跳一跳等,可增加孩子对故事的理解和听故事的兴趣。

活动十:许多小鱼游来了(混龄班)

● 活动目标:

1. 熟悉歌曲旋律,学习演唱歌曲。在会唱的基础上,尝试替换歌词,体验替换歌词的乐趣。

2. 进行音乐游戏,体验游戏的快乐。

● 活动准备:

音乐。

● 活动过程:

1. 引入。

(1)听一听。

"今天我请来了一位小客人,你们想不想知道它是谁? 我先不告诉你们,请你们听一段音乐猜猜它是谁。"

引导他们倾听流水的声音,小动物甩水的声音。激发他们的想象,鼓励他大胆表达自己的想法。"谁会在水里游的呀?""谁游来游去要甩尾巴呀?"

(2)做一做。

"小金鱼本领真大,又会吐泡泡,又会摇尾巴,你们喜欢吗? 我们也来做一条小金鱼好吗?"

当孩子们准备好时,教师提问:"你们想学小金鱼什么本领?"小朋友说什么,就让孩子学这个动作,同时放音乐。

2. 引导幼儿欣赏乐曲。

(1)"如果每个人都是一条小鱼,我们班现在有多少条小鱼呀? 有这么多小鱼游来了,你有没有见过这么多小鱼? 你说谁看见了这么多小鱼会很开心呢?"(引入小猫)

(2)这里有一首歌,名字就叫《许多小鱼游来了》,听听是怎么唱的。

(3)"这首歌的旋律你熟悉吗? 和哪一首歌是一样的? 你听到小鱼游来了以后,发生了什么事? 谁会来'快快捉牢'呢?"

(4)幼儿跟着钢琴唱一遍。

(5)可根据歌曲进行表演,如小鱼听到"快快捉牢",要蹲下(坐回小椅子),否则会被人捉去了。(2—3遍)

(6)游戏:小猫有一个大网,会把小鱼捉去。如果小鱼蹲下就代表你在深水里了,捉不住了。被捉到的小鱼到家里休息。(依幼儿兴趣决定游戏人数)

3. 创编歌词。

师:"这首歌唱的是小鱼游来了,你们觉得还可以有哪些小动物过来呢?"

例:许多小鸟飞来了,飞来了,飞来了,许多小鸟飞来了,唧唧喳喳。

　　许多小猫走来了,走来了,走来了,许多小猫走来了,喵喵喵喵。

　　许多小狗跑来了,跑来了,跑来了,许多小狗跑来了,汪汪汪汪。

● 活动分析:

前面几天一直在做一些音乐游戏,即使是新来的弟弟妹妹也已经对这样的游戏比较熟悉了。旋律和歌词也很简单,所以小朋友学起来也比较快。虽然,哥哥姐姐有时会觉得唱已经会唱的歌没有意思,但是由于事先准备的游戏不一样,所以马上改变了他们的想法。另外,老师还要引导哥哥姐姐,不要让他们以为会唱了就是学到本领了,要会教给弟弟妹妹,那才叫能干,这样班级游戏的氛围才会更浓。

活动十一:我爱上幼儿园(混龄班)

● 活动目标:

1. 能安静地倾听故事,理解故事内容,产生对幼儿园的喜爱之情,乐意上幼儿园。

2. 讲述故事,培养弟弟妹妹爱上幼儿园的情感。

3. 和哥哥姐姐角色扮演,增加弟弟妹妹对哥哥姐姐的情感。

● 活动准备:

小猫、兔妈妈、兔宝宝和小老虎头饰。

● 活动过程:

1. 安静活动:儿歌《小喇叭》。

2. 故事讲述第一遍。

师:"你在故事里听到了谁?他们在干什么?"

师:"我们再来听一遍故事,看看是不是跟小朋友说得一样。"

3. 结合头饰上的小动物,进行第二遍讲述。

师:"兔宝宝跟兔妈妈怎么说的?"(我爱上幼儿园)

师:"兔宝宝在幼儿园门口遇到了谁?兔宝宝跟猫老师说了什么?猫老师对兔宝宝说了什么?"

"兔宝宝后来又遇到了谁?对他说了点什么?小老虎跟他说了什么?"

4. 角色扮演。

师:"请一个弟弟妹妹来当兔宝宝,三个哥哥姐姐来当兔妈妈、猫老师和小老虎,表演故事给弟弟妹妹们看。"

● 活动分析:

第一遍口头的故事讲述,还是比较吸引孩子的。第二遍戴着头饰讲述,孩子对故事有更进一步的理解,对后来的问题也能比较准确地回答出来。到了角色扮演环节,孩子的兴致还是很高,但是上来不知道该说些什么。教师在故事讲述时,应该让孩子重复小动物说的话,给孩子学说句子的时间,这样后面的角色扮演才能更好地开展。

五、 主题活动反思

1. 有效利用混龄资源,开展富有特色的混龄主题活动。

每年的九月,国际部都会迎来新生。往年,两位老师会根据班里的情况分工合作,一位老师负责老生的各类主题开展,另一位老师则专门负责帮助新生宝宝适应幼儿园生活。在主题开展的过程中,我们发现,有些时候新生宝宝更愿意亲近班里的哥哥姐姐。例如,一次户外活动中,老师想拉一位新生宝宝的手一起游戏,没想到,这位新生宝宝却挣脱开他的手,跑到一位姐姐前面,主动拉住姐姐的手说:"我想拉这个姐姐。"生活中这样的例子很多,我们也从这些例子中得到了许多启发。

为此,我们利用国际部混龄资源,充分发挥幼儿同伴群体的教育作用,开展混龄主题"爱在九月",它已成为国际部每年九月份的全园联动主题,是具有国际部特色的混龄主题。今年在主题行进过程中,我们的展开线索更加清晰、明确,紧紧围绕"爱"的主旋律,依据年龄特点分两条线索展开系列活动。

弟弟妹妹,
上幼儿园了……
这是我做的观察记录,看看我是怎么帮助他们的?

第一条线索,是以大年龄孩子为主,借助"观察记录表"的形式,有目的、有层次地观察和记录弟弟妹妹在园的表现,学习关爱、照顾弟弟妹妹的方法。在活动中,不仅提高大年龄孩子的观察记录和分析的能力,同时也增强大年龄幼儿的关爱和责任意识。

第二条线索,是以小年龄幼儿为主,通过系列活动——神奇的"魔法师"、欢快的音乐游戏"碰一碰""许多小鱼游来了""我爱我的幼儿园"以及形式多样的大小互动活动:"开门关门""开汽车""大皮球小皮球""哥哥姐姐给我讲故事""和哥哥姐姐一起做手工、画画"等,使孩子们深深地感受到老师和同伴对自己的爱,逐渐体会到幼儿园是自己的乐园,是一个亲切又活泼的大家庭,对幼儿园产生归属感,从而喜欢上幼儿园。在主题活动中,两条线索交织进行,分合有序,不仅达到了爱的教育目的,也顺利帮助新生适应幼儿园集体生活。

2. 通过大小孩子互动活动,满足了幼儿的情感需要,培养幼儿的交往技能。

刚入园的孩子因为心里缺乏安全感,需要我们更多的情感关注,而老师和阿姨毕竟人员有限,一方面要关注新生,另一方面要组织大孩子学习。而大年龄孩子与小年龄孩子的结对子活动,不仅为大年龄孩子学习照顾小年龄孩子提供了机会,帮助他们体验做哥哥姐姐的自豪感,同时也满足了小年龄幼儿的情感需要,使他们对大年龄的孩子产生了极大的信任和依赖。

大小互动活动,为幼儿的交往能力发展提供了平台,锻炼了幼儿的交往技能。如:在"好朋友手拉手"爱心结对子活动中,我们的大哥哥姐姐们学习着关心和爱护弟弟妹妹的正确方法。有的哥哥姐姐会捧着一本故事书,虽然不认识字,但故事却讲得津津有味,弟弟妹妹也听得入神;如果孩子们是去户外活动,你会看见,有的哥哥姐姐会主动牵着弟弟妹妹的手,并嘱咐她小心走楼梯;如果孩子们是在换鞋,你会看见,有这样的哥哥姐姐甚至顾不上自己穿鞋,而耐心地帮助弟弟妹妹穿鞋子;如果孩子们是去洗手,你会看见,有这样的哥哥姐姐会帮着弟弟妹妹卷袖子。当弟弟妹妹进步了,哥哥姐姐们会由衷

地伸出大拇指夸"××真棒,现在不哭了""××真能干,会自己洗手了"。弟弟妹妹也在这一过程中慢慢养成了在幼儿园里独立生活的好习惯,愿意在幼儿园吃饭、睡觉,每天能开心地来上幼儿园。

爱在九月,爱在我们的心中,爱在我们的班里、幼儿园里传递着,每个人都可以感受到这浓浓的爱。爱让哥哥姐姐们变得有责任意识,变得更加乐于付出。这就是我们主题活动"爱在九月"的成效。

第八章　促进幼儿合作行为的案例分析和活动方案

第一节　合作行为培养方法案例

一、角色扮演法

案例：

最近，班里刮着一股《拔萝卜》热，到处都是"拔萝卜，拔萝卜……"的欢乐歌声。老师和孩子们一起熟悉、学习了故事后，激发了孩子们扮演故事中的角色的强烈愿望。在这个基础上，老师将班中的幼儿分成几组来合作进行表演故事《拔萝卜》，每组中都有中大班和托小班的孩子。在故事表演之前，老师先带领孩子们集体进行了练习和模拟，反复练习了故事中的一些角色对话、出场顺序、动作姿势等，直到熟练为止。之后老师就让每组的孩子们自己商量进行角色分配和表演。在孩子们自主进行排练的过程中，出现了很多的问题，孩子们纷纷找老师"告状"，例如：中大班和小托班孩子在合作表演时，角色分配不很合适；大年龄幼儿在指导时态度、方法和策略不恰当；小年龄的孩子不是很愿意服从、配合。

针对出现的问题，老师决定按年龄对幼儿再进行分组讨论和指导，对中大班幼儿的培养目标是让他们学会和弟弟妹妹合作表演的策略：主动让弟弟妹妹来选择适合他们年龄特点的角色；当弟弟妹妹不配合时学会用适当的奖励和鼓励策略；对待弟弟妹妹的态度要温柔，注意方式和方法；实在解决不了的问题会寻求老师和其他同伴的帮助等。还有就是提高大年龄孩子进行小组表演时的组织和计划能力。对小托班幼儿的培养目标是让他们学会在合作表演中角色该有的表情、动作和对话等，提升他们对故事的兴趣和理解；懂得要多配合和服从哥哥姐姐的建议；学会表达自己的愿望和遇到的问题。经过有针对性的指导，每组的合作角色扮演都能顺利地进行，老师看到好的榜样及时拍摄或录像，随时回放，让孩子们观摩和学习，这种及时和直观的反馈效果很好。

分析：以上的案例教师采用的是角色扮演法。所谓的角色扮演法是一种情景模拟活动。在这个合作活动中，教师用《拔萝卜》这一文学作品为媒介，把不同年龄的幼儿编成一组进行排练。在排练过程中，由于每个幼儿在认知水平、个性特征等方面存在差异，因此会出现很多的合作问题，针对这些问题再进行商议讨论，制定解决方案，进行角色扮演排练，这样不断循环反复，最后确保每一组都能成功地在集体面前进行节目展示。教师就是通过创设这样一个合作的机会，让孩子们通过扮演角色，在合作表演的过程中提高合作意识，学会合作技能和交往的策略。教师在组织活动的过程中，要不断关注每一组的合作情况，及时反馈并提供适宜的帮助，以助于每组的排练顺利进行，最终达到共同提高的目的。

二、行为强化法

案例：

每次"娃娃城活动"结束后，小朋友们都会聚在一起收拾和整理道具，但总是会弄得乱糟糟的，不尽如人意。这次我特意留心观察了他们的表现：乐乐、梓涵两个人挤在挂衣间抢着收拾衣服，两个人你推我、我推你，谁也不让谁；哲哲哥哥和锴锴弟弟在一起整理首饰台，哲哲对锴锴说："弟弟，哥哥把项链拿下来，然后你来把它放到盒子里去，这样好吗？"锴锴很乐意地接受了这个建议。两个人配合地很默契，很快就把首饰台整理好了。

之后在集体谈话交流的时候，老师问乐乐和梓涵："今天你们整理衣服的时候顺利吗？"乐乐马上说："我拿衣服时梓涵总是抢来抢去的，我都整理不好了！"这时候老师接着说："刚才呀，我看见哲哲和锴锴很快就整理好了首饰台，哲哲你来说说看，你们是怎么做的？"只听哲哲说："因为弟弟还小，所以我让他做一些简单的工作。由我把项链拿下来，然后请他把项链放到盒子里去。"经讨论，小朋友一致认为哲哲他们合作的方式好，同意发给他们"合作奖"，老师又告诉大家下一周还要选出最佳合作伙伴，并颁发"合作奖"小奖牌。

"娃娃城活动"又一次结束了，这次老师再来到化妆间，听见梓涵在说："乐乐你来整理衣服，哲哲来整理首饰台，锴锴你来把他们放进盒子里，我来整理帽子。这样我们就不会抢来抢去了，怎么样？"

分析：当孩子们试图一起完成某项任务时常会出现冲突，发生争执和推搡等不恰当的行为，教师不要指责和批评，要留心选择那些有效的合作行为和策略的小组，及时给予正面强化和鼓励，包括言语、动作等赞美和奖励，这样既肯定了他们的表现，也起到了替代性强化的作用。案例中乐乐和梓涵很羡慕也期待得到"合作奖"，主动效仿哲哲和锴锴的方法，相互商量，合理分工，积极配合，有效地完成了整理道具的任务。

三、模仿学习法

案例

每个星期四中午我们都会进行才艺分享，大家聚在一起分享着自己准备的才艺。大班的玥玥、皓皓和蓓蓓三个姐姐突发奇想，决定在下个星期四表演一个小品——《小猫钓鱼》，与大家分享。于是，在接下去的一个礼拜我们常看见三个身影聚在一起热烈地商讨：谁演什么角色、应该怎么演、要不要做道具等。偶尔她们也会有分歧和争执，但都能很快通过冷静的分析和彼此劝导达成一致的意见。中班的果果和商商常常会跟随她们，看她们一起排练和商讨，脸上时时流露出崇拜和羡慕之情。

到了周四，期待已久的《小猫钓鱼》赢得了孩子们的阵阵掌声。三个姐姐不仅漂亮可爱，表情动作更是贴切恰当，表演时彼此非常配合默契。才艺分享一结束，果果和商商就拉着手来找我，商商说："老师，我们下周四也想要一起表演个节目。但是我们不会表演小品，怎么办？"我说："动脑想想，你们都喜欢、擅长什么？"果果想了想，说："我会弹琴，商商又喜欢唱歌，我们可以一起演个节目。"

我马上给予了肯定和表扬,并请大班的姐姐们帮助他们。于是,在接下来的一周里,又会看见两个中班的小朋友在教室里练习弹琴和唱歌。

分析:无论是大班还是中班的哥哥姐姐的行为表现都会潜移默化地影响到弟弟妹妹,这种模仿学习无处不在。教师要鼓励和正确引导,帮他们选择适合他们年龄特点的游戏和活动。案例中大班的三个女孩子自发决定合作演出一个小品,弟弟妹妹目睹了姐姐们的商讨、排练过程,再加上看到最后成功的表演,激发了弟弟妹妹的仰慕之情和表演的愿望。在教师的肯定和姐姐们的帮助下,选择了自己擅长的节目并坚持练习。

四、情景再现法

案例:

每周四,是我们的"快乐建构"活动,孩子们都很期待,也很喜欢。本周的任务是"快乐一家人合作来搭一样作品。"翊翊一家在搭泡沫玩具,一家人彼此分工明确,相互很配合,任务完成得很顺利,哥哥姐姐主要负责设计和建构,弟弟妹妹负责传递玩具和搭把手的工作,最后的作品相当漂亮。瑞瑞一家用插塑材料在搭建玩具,可是各自都只搭了零散的、互不相关的一点,一家人彼此没有协商,没有分工,也没有合作。皮皮一家在用木块搭建构玩具,可是哥哥姐姐忙乎着,弟弟妹妹想帮忙,但哥哥姐姐不肯。老师将翊翊一家的搭建过程用录像的方式拍了下来,让孩子们进行观摩和讨论,请大家找一找他们这个家庭合作好的地方并一起来学习,侧重让瑞瑞和皮皮这两家进行模仿、练习。

这次活动后,老师又让孩子们进行了合作建构,发现孩子们在建构过程中,知道了很多的合作技能,老师还将瑞瑞和皮皮两家的表现用录像的方式展示给所有的孩子们看,既提升孩子们的自信,又促进了他们的合作意识和技能的发展,达到了很好的效果。

分析:从以上的案例中,我们可以看出,幼儿在与不同年龄的幼儿进行合作时,由于自身能力和性格的差异,每个组常常会表现出不同的活动状态,会擦出不一样的火花。每一个合作团队中起领头羊作用的那个幼儿的能力和性格就起到非常重要的作用。第一组中的翊翊是个性格温和、善解人意、协调能力比较强的孩子,他会站在别人的角度上考虑问题。活动一开始,在征求了全家人的意见后,他将家庭成员按照能力进行了分工,并且时时关注每个成员的需要和意见,因此这个家庭的合作既顺利又和谐。另外一组的带头人是瑞瑞,他是以自我为中心式的,没有合作意识,只管自己完成作品,根本没有根据教师要求进行分工合作。最后一组的皮皮在和同龄伙伴合作时很顺畅,但当需要他去组织和指导弟弟妹妹一起搭玩具时,却不知道该怎么办,缺乏合作的技能和策略。

以上的案例,教师选用了录像回放的方式,通过情景再现的方法让幼儿模仿同伴的一些正面的、积极的行为,从而来纠正自己的不恰当的行为。所谓的情景再现法,是通过情景再现让人能够感受到当时情景,从而引发人对当时情景的思索与思考,给受教育者留下想象的空间。在这个活动中,教师也是利用这个方法,在情景再现的同时,合理、恰当地在班里进行了情景讨论,取得了较好的效果。

五、 情景讨论法

案例:

主题活动中,孩子们分组完成"绳子游戏甄选表",即先进行实际操作,然后再根据不同评选标准判断各个游戏是否合适,其中有一项为"安全"。拔河游戏试玩后,涵涵等人还在商量,组长阳儿已在"安全"那栏上打了钩。

涵涵见到后赶紧阻止:"我觉得这个游戏不安全,你还没问我,不可以打钩的。"

"哎呀!"阳儿有些无奈地说,"可是我觉得很安全呀!"

"可是我觉得不安全。"涵涵据理力争。

"不行,我玩过的,没有人受伤,游戏很安全的!"阳儿依旧固执己见,涵涵生气地跑开了,游戏的筛选工作无法再继续进行,而类似的情况在各个组都有发生。

当孩子们聚在一起集体讨论甄选表时,老师讲了一个故事:在森林里,住着小鸭子、小鸡和小兔子,他们都是好朋友,他们每天都在一起玩。夏天到了,天气好热,小鸭子带着好朋友来到了河边,扑通跳进了水里,并对好朋友喊道:

"嘎嘎,天气热的时候,游泳可凉快了,我们一起游泳吧!"

可是小鸡和小兔子怎么都不肯游泳:"游泳一点都不好玩,我们不喜欢玩。"

"我觉得游泳是最好玩的,哼! 我自己去玩了。"小鸭子听后生气地游走了。

"小朋友们,你们觉得这个故事里,小鸭、小鸡、小兔子谁做得对,谁做得不对呢? 它们的同伴的心情会怎么样? 应该怎么做比较好?"

中大班的孩子们纷纷举手,他们觉得每个动物都有做得不对的地方,小鸭自己喜欢游泳却没考虑到小兔、小鸡是不会游泳的;小兔、小鸡也没及时向小鸭解释,说明自己是不会游泳的,导致小鸭误会生气了,所以做事情的时候不能只想到自己,也要多听听别人的意见。

继而老师将话题转移到刚才进行的活动:"刚才在完成记录表的过程中,老师发现有些组的小朋友也像这些小动物一样意见不统一,你们是怎么解决的呢? 这样解决大家都满意吗? 老师再给你们五分钟时间,你们看看表格是不是还需要修改。"

要求下去后,阳儿马上对涵涵说:"你刚才说拔河不安全,可是我觉得是安全的。"

"这个绳子很细的,力气大要断掉的,蓉蓉他们组的绳子就断掉了,大家都摔倒了,不安全的。"涵涵也提出了自己的想法。"可是我玩的时候是好的啊,小楼,你觉得呢?"

最后在逐一询问了组内其他成员后,根据少数服从多数的原则,他们在"不安全"这一栏打上了钩。

分析: 随着孩子交往能力的发展,大年龄尤其是大班孩子之间越来越多地出现了合作行为。由于每个幼儿在认知水平、经验技能等方面存在差异,因此看问题的角度、观点也不尽相同。而幼儿的思维方式通常是自我中心式的,他们往往难以站在他人的角度思考问题,观点采择能力也较为薄弱,一旦遇到意见相左的情况时,时常会固执己见,更多从自身出发去判断某一事件或行为的性质和后果。所以,学会站在别人的角度考虑问题,能够体验同伴的感受、多听听同伴的想法是培养幼儿合作能力的一个重要方面。

在上面的案例中,老师采用了"情景讨论"的方法。所谓情景讨论法,是指通过思考讨论,产生对他人的情感体验和自我情感体验,提高对认知对象的观点采择能力的训练方法。老师并没有直接指出孩子的问题,而是委婉地抛出了一个与问题情景类似的故事情景,在故事情景中孩子们能脱离开自身的需求、利益,较为客观地发表自己的看法,也能耐心地听取别人的意见。继而将这样的观点采择、移情能力迁移到真实的情景中,提升孩子的合作能力。

在实施情景讨论法时,如何进行引导、展开讨论十分关键。老师应在适当的时候问每个孩子以下三个问题:发生了什么事?他(她)感觉和想法是怎么样?怎样才能让他(她)感觉好一些?

六、 交流评价法

案例:

混龄活动中,老师请孩子们分组完成邀请卡的制作。爱心组迫不及待地动起手来,而丫丫是他们组手工方面能力最强的孩子,追求完美的她处处亲力亲为。

丫丫看到可可拿起了画笔,生怕她画不好,马上抢过来画。"我喜欢画轮廓,你为什么不让我画。"可可抗议道。

"你干嘛抢我的笔,我不喜欢这个颜色。"正在涂色的来来,也被丫丫硬插了一脚。

剪贴、装饰,无论同伴在做什么,她都觉得不放心,都要过去干涉,最后她一人包办了所有的工作。组员纷纷表示抗议,但丫丫依旧我行我素,其他组员便愤愤地走开了。最后当别的组都顺利完成时,爱心组由于冲突不断,仍是一片狼藉,不但邀请卡没有完成,除了丫丫,同组的同伴也都跑得不见人影了。

交流评价时,老师请各组展示了自己的作品,并介绍自己组的完成过程,例如:如何进行分工、遇到了哪些问题、是怎么解决的,等等。请爱心组上来时,组员愤愤不平地说:"我们组没有完成,因为丫丫所有的事都不肯让我们做。"

"我是怕他们做不好。"丫丫委屈地辩解。

"可可画得不是挺好的么,来来涂的颜色也很好看。这个是要大家合作完成的,你一个人做肯定来不及的,才画了那么一点点。"其他组的同伴也提出了中肯的意见："哥哥姐姐做难的任务,弟弟妹妹做简单的任务。如果别人不会你可以教他们,但是不能帮他们画的。"

又一次手工活动中,爱心组经大家一起讨论,先根据每个人的能力与爱好进行了分工:中大班的孩子负责构图、画轮廓,小班负责剪贴,而托班则帮忙贴黏纸装饰等。丫丫专注地做着自己的工作,偶尔同伴遇到困难她会主动出手相助。最后剪贴环节分配材料时,可可和丫丫都希望得到最后一张彩纸,两人都抓着不放。

"爱心组,你们要加油喽,边上已经有两个组快完成了。"

听到老师的提醒,丫丫赶紧松手,对可可说:"我们一人一半,剪开来吧!"可可爽快地答应了,最后爱心组顺利完成了任务。

分析:从上面的案例中可以看出,丫丫是个荣誉感很强的孩子,她希望自己的团队能够又快又好地完成任务,而她在手工方面又比较擅长,所以在操作过程中对同伴多有干预,最后索性大包大揽起来。这个过程中同伴一直在抗议,虽然受累最多,还要被同伴埋怨,但丫丫觉得这是完成任务的最佳方案,所以她并不为所动,依旧我行我素。

最后的结果却出乎她的意料,同样的任务,同样是分组完成,别的小组成员画画能力并没有她强,为什么别的组都顺利完成任务,而她不能呢?在各组交流讨论和评价后,她终于领悟到完成活动中合作的重要性,这给了她很大的触动,进而也改变了她的观念和行为方式,小组的活动得以顺利地完成。

七、归因训练法

案例:

"趣味运动会"热火朝天地展开着,小朋友们正在分组进行"拉小车"的游戏练习,即一组孩子配一根跳绳,其中一个孩子作为"车头",被套在两根绳子头结成的套里,剩下的孩子跟在车头后面,两手分别抓着两边的绳子作为"车身",最后一位孩子抓紧两个绳子另一头,作为"车尾"。

"啊呀,心心妹妹摔倒了!"圣诞树组的车尾洋洋姐姐大声地提醒着同样是大班的蔡蔡哥哥这个"车头"，"你要慢一点"，她提醒道。

"我已经走得很慢了啊！"蔡蔡哥哥一脸不高兴地说，"车子当然要开得快一点的。"

"可是妹妹跟不上的，你看她都摔痛了，都哭了！"洋洋一边扶起妹妹，一边生气地说。

看到妹妹正伤心地哭着，蔡蔡有点儿后悔，想安慰又有点儿不好意思："我又不知道心心会摔倒的。好吧，我这次走慢一点。心心，如果我走得太快你就拉住我的衣服哦。"

这次，蔡蔡放慢了速度，走得很小心，遇到上坡或是下坡时，还会提前提醒后面的弟弟妹妹。最终，圣诞树号小车顺顺利利、高高兴兴地开到了终点。

活动后，老师请每一组小朋友说说在练习过程中遇到的困难、自己的心情。之后，老师利用投影展示出下面几张照片：心心妹妹摔倒时，伤心哭泣的照片；洋洋因为心心摔倒生气的照片；蔡蔡后悔又不好意思的照片。先请孩子们，尤其是蔡蔡来说说：心心妹妹伤心地哭了，洋洋生气了，你看到时心情怎么样？为什么心心会伤心，洋洋会生气呢？看到伙伴因为自己难过了，蔡蔡的心情又是怎么样的呢？引导孩子懂得，因为没有注重同伴间的合作配合，才会出现小朋友摔倒了，痛了，难过了，同伴们也不开心了这种情况。

继而再出示顺利合作时，小火车顺利前进，大家开心欢笑的照片。引导孩子讨论：蔡蔡、心心和洋洋现在的心情如何？看到他们那么开心，你们心情怎么样呢？为什么他们现在会那么开心呢？你以后玩游戏时，愿意和同伴一起合作吗？通过这种提问、讨论，让孩子们了解愉快、生气、悲伤等心情产生的原因，并懂得了是因为关注了别人的需要和感受，并经过商议和调整，才能进行顺畅的合作，大家才会很愉快。

分析：归因即归结行为的原因，指个体根据有关信息、线索对行为原因进行推测与判断的过程。归因训练便是通过一定的训练程式，帮助孩子形成积极的情感和期望，增强成就动机，但这只适用于有一定的社会性能力和生活经验的大班幼儿。

大班孩子的情绪认知和社会经验让他们不仅能准确、快速地识别他人的情绪,并在一定程度上能感他人所感,忧他人所忧,乐他人所乐。同时随着认知及逻辑思维能力的发展和大量生活经验的累积,大班孩子亦能推测出事情发生的因果、内在关系,即在上述案例中心心伤心哭泣、洋洋生气、蔡蔡愧疚的原因。

鉴于大班孩子上述认知、移情、社会经验等特点,老师可通过特定的情境事件,引导孩子自己去发现、感知、体验助人的快乐。正如情境中这位老师所做的:首先创设一个个合作的具体情境,让孩子有丰富的感性经验,既有不合作造成的挫折,又有成功合作的愉悦体验,即便孩子此时还不能明确为什么快乐。但是有了充分的体验后,再通过合作中同伴的前后心情的变化及其原因的讨论,让孩子体会到当不顾别人感受,我行我素时,只能让大家都不开心;而自己的合作行为会让别人快乐,也让自己快乐。孩子们最终会明白合作带来的成就体验,不是依靠外部的物质奖励,而是源自内心的满足,让这种精神层面的愉悦成为支持继续与同伴合作的动力,形成积极的行为动机。

第二节 合作行为培养活动方案

Rainbow 花园

一、主题实施背景

合作是为了共同的目的,两人或多人、两个集体或多个集体共同完成某一工作或某一任务的行为。学会合作是幼儿进入社会,成为未来社会的主人应具备的基本技能,也是促进幼儿社会化的一个基本途径。而当前,我们所培养的这一代基本上都是独生子女,独生子女的优越性使他们成了家中的小皇帝,好东西一个人吃,玩具一个人玩。他们缺少与兄弟姐妹及其他小朋友一起生活的经验,很少体验到合作行为带来的愉悦和成功感。家长也容易忽视孩子合作能力的培养,幼儿在游戏过程中发生矛盾,常以告状或攻击性行为来解决;遇到困难时,往往只会求助老师而不知从同伴那里寻求帮助;同伴遇到困难时也没有意识去帮助解决。如果在可塑性很强的幼儿期不注意增强他们的合作意识,培养他们初步的合作能力,对他们今后的学习、工作、生活会带来一定的影响。由此可见,从小培养幼儿的合作意识与能力十分必要。

正值春风送暖的四月,阳光正好、春暖花开。可是幼儿园后操场的小花园却是另外一幅景象:荒芜、凄凉,没有一点生命的迹象;泥土也黑乎乎的,仔细闻闻还有一点难闻的味道。于是我们想到何不用这个好机会来进行一个种植活动,让孩子在活动中学习合作与坚持,既美化了幼儿园又创设了孩子成长的环境。而我们考虑到单纯直白地告诉孩子要把后操场创建成花园,孩子们的积极性肯定大打折扣。孩子们最喜欢做英雄帮助别人,我们想到可以创编Rainbow 王国遭遇袭击,彩虹花园全部被摧毁的情景,来引出我们建造花园的任务。

主题展开思路:故事引入,萌发创建花园的任务意识──→前期准备:选址、申请、设计──→建造花园:植物的选择、种植、装扮──→坚持照顾花园,学习植物养护知识──→收获植物成长的喜悦。

二、 主题目标

1. 能在混龄构成的 5 组小分队中感受和哥哥姐姐一起活动的快乐,并能对哥哥姐姐给予的帮助有积极的情感反馈。(小托班)

2. 愿意和小分队的成员一起合作完成一件事情,在合作的过程中学会坚持,耐心等待种子长大。(小托班)

3. 能有意识地帮助弟弟妹妹,激发互助、合作的意识,并培养初步的团队领导能力。(中大班)

4. 尝试设计装扮 Rainbow 花园,愿意和弟弟妹妹合作,在合作的过程中愿意帮助弟弟妹妹,并给予积极正面的引导。(中大班)

5. 初步掌握种植的步骤和方法、了解植物的养护要求,能坚持 Rainbow 花园的种植活动,关注植物的生长变化并在等待种子成长的过程中耐心坚持。感受小生命成长的喜悦。(中大班)

三、 主题前准备及相关环境创设

（一）主题墙

在主题进展中呈现孩子获得的分享经验：5 个小队的队名以及相应的口号、有照片的小队分组值日牌。

（二）区域环境

各小队的小花园　　　　　　　　　　　　班级的植物角

（三）教师的示范

1. 教师示范写花园申请书、如何将花园建造漂亮。

2. 教师带头照顾幼儿园的花花草草，激发幼儿照顾花园的热情。引导孩子去观察自己的花园。

（四）家园配合

1. 主题活动开始前发放"Rainbow 花园大建造——主题说明书"

2. 和爸爸妈妈一起商量布置花园需要的材料，邀请爸爸妈妈共同装扮。

3. 在爸爸妈妈的带领下小组成员双休日一同商量购买种植的种子。

4. 请家长在家注意示范分享行为，给幼儿提供模仿榜样，邀请家长参与主题后期美食分享会。

四、主题活动一览表

表 8 - 1　主题活动

序号	活动名称	活动意图	年龄分组
1	Rainbow 花园	知道创造 Rainbow 花园的任务,激发合作建造花园的兴趣。讨论建造花园的合适地点,知道植物生长的条件。	全混龄
2	花园造在哪儿	能根据制作的植物卡在园内选择合适的种植的地点。学习制作地皮申请书,能通过正确的方式递交申请。	全混龄
3	我们的申请书	1. 知道要有礼貌地表达自己的意愿,学习用完整连贯的语言表述申请书的内容。(中大班) 2. 在和组员共同准备申请地皮的过程中,乐意积极动脑解决遇到的问题。(中大班) 3. 了解申请书的基本内容,愿意积极参与小组活动,有初步的小组团队意识。(小托班)	全混龄
4	申请大行动	1. 知道有礼貌、团结、清楚、有创意的表达可以完成申请造花园的任务。 2. 愿意和哥哥姐姐合作,共同完成向园长妈妈申请地皮的任务。(小托班)	全混龄
5	心中的花园	1. 分享交流申请成功组的经验,知道有礼貌、团结、清楚、有创意地表达可以完成申请造花园的任务。 2. 能合作设计接下去的花园蓝图,明确设计表的内容,大胆地表现心中的花园。(中大班) 3. 在老师的带领下,用说说、唱唱、做做的方式,激发建造花园的愿望。(小托班)	全混龄

续　表

序号	活动名称	活动意图	年龄分组
6	花园开建啦(一)	1. 分享交流花园蓝图设计表,能说清楚花园的造型、外围的使用材料、种什么三个内容。(中大班) 2. 清楚建花园的四个任务,讨论分配每个队员的要做的事。(中大班) 3. 知道自己的任务,愿意和哥哥姐姐合作,在哥哥姐姐的帮助下完成自己的任务。(小托班) 4. 在建造花园的过程中能互相帮助,齐心协力完成花园的建造。	全混龄
7	我们的花园种什么	1. 回忆分享双休日采购种子故事。 2. 说说购买的种子的过程。 3. 通过儿歌了解种植的步骤。	全混龄
8	花园开建啦(二)	1. 根据任务的难易合理分配小组成员(包括家长)的工作。(中大班) 2. 愿意和哥哥姐姐合作,对自己的任务有一定的认识。(小托班) 3. 在老师和家长的引导帮助下合作完成播种。	全混龄
9	植物养护小贴士	1. 了解自己队所种植物的养护知识。 2. 根据了解到的养护知识学习制作养护牌。	全混龄
10	花园小故事	1. 观察自己的花园,能发现花园的变化。 2. 记录发现的变化,能说清楚自己记录的故事。 3. 哥哥姐姐帮助弟弟妹妹学习植物浇水的养护知识。	全混龄
11	花园值日表	1. 合理安排每一天照顾花园的队员。 2. 知道值日时所要做的事情:浇水、施肥、拔野草、抓害虫、整理。	全混龄

五、 主题活动过程

活动一：Rainbow 花园

● 活动目标：

对开创 Rainbow 花园的主题任务产生兴趣，了解植物生长所需的基本条件，为花园的选址做好准备。

● 活动准备：

Rainbow 花园 PPT。

● 活动过程：

1. 情境引入。

故事引入，激发孩子建造花园的兴趣。

2. 讨论花园地址。

(1) 按照 5 个队，用小精灵的身份引发孩子思考要选择怎么样的土地。

(2) 植物生长所需要的条件：阳光、水、空气、泥土、肥料等。（在孩子讨论的时候分别出示图片）

(3) 留下任务：植物卡。

小精灵：你们已经知道花园造在什么地方比较合适了。恭喜你们正式成为 Rainbow 王国的彩虹花匠。

小精灵：明天我们就要开始去找合适的地方喽。为了方便我们寻找哪些地方符合我们的条件，我们下午一起合作一个植物卡将这些阳光、泥土、水、空气、肥料条件画在我们的植物卡上，这样我们明天找起来就很方便了。

3. 盥洗、点心。

请彩虹花匠们和你们的队员一起去盥洗、喝牛奶、吃点心吧。

● 活动反思：

活动：在 PPT 出示 5 种植物所需的能量的时候，可以用图片的方式，减少 PPT 对孩子带来的干扰。

教师：1. 开放性的问题。请孩子们自己说，挖掘孩子的生活经验。当孩子说植物生长需要阳光时,继续追问为什么你觉得需要阳光。而弟弟妹妹可以用肢体语言来表演阳光,让弟弟妹妹更有参与感。

2. 梳理孩子的回答。当孩子说出很多不同的答案时,教师要帮助孩子梳理总结,让孩子更加清楚地知道植物生长所需的能量。

3. 教具。可以准备一些能够体现生物生长所需要的能量的视频,让孩子们更加直观地了解。

资料库:

Rainbow 花园的故事

有一个 Rainbow 王国,每当春天来临的时候,Rainbow 花园里的花都开了,非常地漂亮(一边讲一边出示 PPT)。

可是有一天晚上,狂风大作,电闪雷鸣。当黎明的曙光降临,彩虹王国的人们睁开眼睛推开窗满怀期待地看向窗外时,他们看到的却是这样的 Rainbow 花园。人们好难过,美丽的花不见了,可爱的小动物无处可去,花园就这样消失了。正当人民伤心流泪的时候,一群彩虹小精灵飞来,他们来干什么呢? 彩虹精灵扑闪着翅膀说:我们正在寻找更够帮助彩虹王国建造花园的彩虹小花匠。在春天再一次来临的时候让 Rainbow 花园又变得非常漂亮。

你们愿意成为小花匠帮助 Rainbow 王国建造彩虹花园吗? 你们有信心建好吗?

活动二:花园造在哪儿

• **活动目标:**

能根据制作的植物卡在园内选择合适的种植的地方。学习制作地皮申请书,能通过正确的方式递交申请。

• **活动准备:**

植物能量卡、PPT、户外的场地、申请书示范图。

● 活动过程：

1. 回顾植物能量卡。

出发找地皮之前复习前一天制作的植物能量卡中的植物生长5要素。

2. 分组自主选择地皮。

（1）5个小队自主出发选择地皮。

（2）老师根据植物能量卡进行指导。

3. 交流讨论。

（1）你选了什么地方？你为什么选这个地方？这个地方合适吗？

（2）引出申请书。

那我们都选好了地方，可是我们得确定幼儿园同不同意我们在这些地方造花园，怎么办呢？问谁（园长妈妈）呢？

4. 讨论如何写申请书。

（1）什么是申请书？

（2）申请书要怎么写？要写些什么？

（3）申请书三要素：

你要用这块地来做什么？

这样有什么好处？（我们要告诉园长妈妈，造了这个花园会让幼儿园变得好还是坏？能让幼儿园变得怎么样好呢）

我们会怎么做？（我们会怎么样用这块地？我们会怎么种植？怎么爱护它？要让园长妈妈知道我们会认真地造花园）

5. 写申请书。

示范申请书的书写格式：三个标记，用这块地来做什么用"问号"表示；有什么好处用"大拇指"表示；我们会怎么做用"一双手"表示。

● 活动反思：

在教具上选用孩子们一看就明白的物品，像第五个环节，是修改过后的结果。之前打算是用文字来书写的，但是对孩子们来说这根本不可能完成。在老师的帮助下利用三个图示让孩子明白申请书上要写的内容，包括事先对申请书格式的了解，给孩子正确的示范。

老师的语音频率要注意,怎么样让孩子能认真地听你说,避免重复。交代任务的时候要说清楚,目的明确。在一个活动中,考虑不同年龄孩子的特点来决定活动是否需要分龄来完成,像制作申请书的环节对小托班来说很难,这时候应该分龄教学。

活动三：我们的申请书

• **活动目标：**

1. 知道要有礼貌地表达自己的意愿,学习用完整连贯的语言表述申请书的内容。(中大班)

2. 在和组员共同准备申请地皮的过程中,乐意积极动脑解决遇到的问题。(中大班)

3. 了解申请书的基本内容,愿意积极参与小组活动,有初步的小组团队意识。(小托班)

• **活动准备：**

视频。

• **活动过程：**

1. 观看各组的申请书。

(1) 请孩子们说说自己组的申请书内容。

(2) 请个别幼儿完整地讲述申请书的内容。

(3) 简单讨论小组会怎么去申请,提出练习任务。

要把申请书的三个内容说完整：我们要用地做什么？有什么好处？我们怎样行动？

2. 地皮申请模拟练习。

(1) 模拟练习向园长妈妈申请地皮,5位老师扮演园长妈妈。

(2) 5位老师用视频的方式记录孩子在申请过程中的表现,并记录孩子遇到的困难。

(3) 在孩子练习的过程中,巡回并了解孩子遇到的困难。

3.观看录像、集体讨论。

（1）分组播放录制的视频。

（2）讨论：你觉得他们能申请成功吗？为什么会成功/为什么不会成功？你觉得他们哪里好/不好？（讨论的过程中引导孩子礼貌、团队合作以及弟弟妹妹的参与度）

（3）总结申请地皮的要求。

有礼貌地表达、进入园长妈妈办公室的礼仪、知道申请书的内容、巧妙的策略和创意、团结。

4.团队自主练习。

在队长的带领下自主练习，有信心的团队可以尝试向园长妈妈申请。

• 活动反思：

在练习申请过程中，刚开始大年龄的孩子只顾着自己说申请书的内容，而弟弟妹妹却没有事情做。比如宝石队的小分在自己玩，骑士队两个哥哥在练习其他弟弟妹妹没有事情干。七色花队在老师的引导下安排了一句简单的话给沛沛。在自由练习结束以后老师要让孩子们分享成功的经验：你是怎么安排成员要做的事的？怎么样才能申请成功呢？

活动四：申请大行动

• 活动目标：

1.知道有礼貌、团结、清楚且有创意地表达可以完成申请造花园的任务。

2.愿意和哥哥姐姐合作共同完成向园长妈妈申请地皮的任务。（小托班）

• 活动准备：

申请书、事先和园长妈妈沟通好申请行动的事情。

• 活动过程：

1.提出申请任务。

昨天已经制作好申请书了，今天我们就要去向园长妈妈申请了。

2.各队自由练习。

5个小队在队长的带领下练习申请。

3. 向园长妈妈申请。

● 活动反思：

这个活动是个别组进行的。骑士队和七色花队在多次练习下成功地向园长妈妈发出申请,并录制视频供另外几队小朋友参考交流。

活动五：心中的花园

● 活动目标：

1. 分享交流申请成功组的经验,知道有礼貌、团结、清楚、有创意地表达可以完成申请造花园的任务。

2. 能合作设计接下去的花园蓝图,明确设计表的内容,大胆地表现心中的花园。(大中班)

3. 在老师的带领下,用说说、唱唱、做做的方式,激发建造花园的愿望。(小托班)

● 活动准备：

1. 前一天成功申请组的视频。

2. 空白设计表。

3. 和合作小组的老师事先沟通好分组指导时的注意要点。

● 活动过程：

1. 分享交流前一日申请成功组的经验。

(1) 观看视频。

(2) 说说这个组为什么会成功。

2.交代新任务：绘制花园蓝图。

（1）出示表格：你看到表格上有些什么？你能猜出这份表格要记录些什么吗？

（2）教师根据幼儿的回答，把完成设计表的方式告诉幼儿。

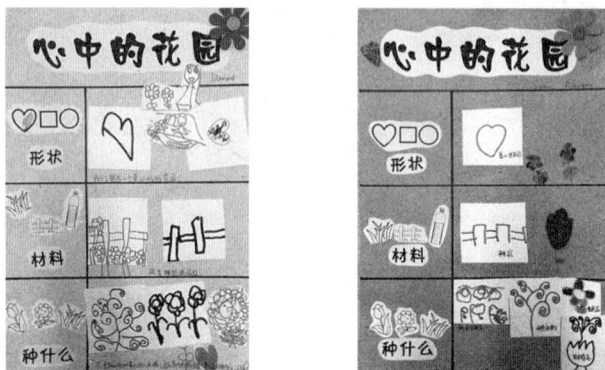

3.分组完成任务。

（1）申请尚未成功的组，再次练习并进行申请。

（2）申请成功的组，中大班哥哥姐姐合作完成花园蓝图设计表，小托班弟弟妹妹跟着老师开展相关活动。

4.交流分享已完成的花园蓝图设计表。

● 活动反思：

在观看前一天申请成功组的视频的时，停顿过于频繁，应该请孩子们完整地看一遍，再将重点挖掘。在孩子们练习的时候可以提供孩子们失败与成功对比的视频，让孩子更加清楚申请成功的秘诀。录制视频的时候要重点放在：礼貌、申请书内容、团结三个方面。可以让成功申请组来分享他们的成功经验，让孩子自我表达而不是让老师来说。

在看花园的表格的时候，可以听听弟弟妹妹的想法。

活动六：花园开建啦

● 活动目标：

1.分享交流花园蓝图设计表，能说清楚花园的造型、外围的使用材料、种什么三个内容。（中大班）

2. 清楚建花园的四个任务,讨论分配每个队员的要做的事。(中大班)

3. 知道自己的任务,愿意和哥哥姐姐合作,在哥哥姐姐的帮助下完成自己的任务。(小托班)

4. 在建造花园的过程中能互相帮助,齐心协力完成花园的建造。

● 活动准备:

1. 心中的花园 PPT;

2. 现实中的花园 PPT;

3. 任务图示;

4. 每个队一个工具箱:蘑菇、挖图工具、围裙、袖套、栅栏、洒水壶。

● 活动过程:

1. 分享交流前一日完成的花园蓝图设计表。

(1) 看一看各队的设计表。

(2) 说一说自己队设计表的内容。

2. 交代建造花园的四个任务:装栅栏、浇水、捡石头、放蘑菇。

(1) 任务一:

观看图片引发孩子思考:怎么样才能区分队与队之间的花园?

(2) 任务二:

观看土地的图片引发孩子思考:双休日两天不在幼儿园,泥土干了怎么办?

(3) 任务三:

观看有石头的土地的图片引发思考:你觉得这块地适合种子生长吗?

(4) 任务四:

每个队要摆放一个自己队的小蘑菇。

(5) 老师总结四个任务。

3. 小组分配四个任务。

(1) 分组讨论任务安排:请你们自己去讨论分配这四个任务。

(2) 幼儿自由讨论。

(3) 交流任务安排的结果。

你们是怎么安排的? 为什么这样安排?

4.去后操场布置自己的花园。

(1) 做好布置花园前的准备:穿好围裙、戴好袖套。

(2) 拿好工具一起行动。

5.分享每个组建好的花园。

● 活动反思:

在引出四个任务的时候,应该让孩子通过观察图片引发自主思考。在布置任务的时候应该把一些小的规则说清楚,如:东西用完之后要放进工具箱、雨鞋的摆放、捡到的石头的堆放,让孩子养成收纳的习惯。

活动七:我们的花园种什么

● 活动目标:

1.回忆分享双休日采购种子故事。

2.说说购买的种子的过程。

3.通过儿歌了解种植的步骤。

● 活动准备:

1.双休日让孩子们去买种子的图片;

2.孩子们购买的花种。

● 活动过程:

1.说一说买了什么种子、花苗。

(1) 双休日你们队一起去做了一件什么事?

(2) 你们买了什么呢?

(3) 请小队上来说:你们买了什么种子? 为什么买这个种子? 大家同意吗?

2.说一说打算怎么来安排。

（1）打算用什么来围花园的形状呢？

（2）用种子种出形状,还是准备其他东西？

3.学习种植种子的儿歌。

● 活动反思：

当看到自己队外出买种子的照片时,孩子们兴奋得不得了,都积极举手想要来分享。大家都能说出图中的自己在干什么,但是在实际买种子的过程中,大家只是挑选了自己喜欢的种子,而不是像我们预设的希望他们商量共同买一份种子。

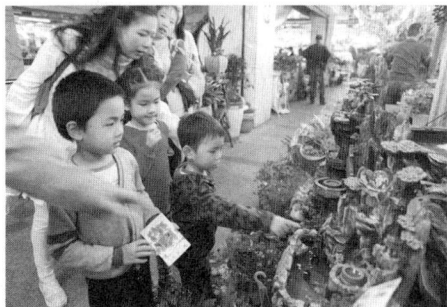

活动八：花园开建啦（二）

● 活动目标：

1.根据任务的难易合理分配小组成员（包括家长）的工作。（中大班）

2.愿意和哥哥姐姐合作,对自己的任务有一定的认识。（小托班）

3.在老师和家长的引导帮助下合作完成播种。

● 活动准备：

1.5个队伍的工具箱：围裙袖套、花种、钉耙、水壶、花插牌、记号笔。

2.雨鞋、水桶、放衣服的箱子、种植儿歌的图示。

3.提前通知参加的家长准备围裙和雨鞋。

4.和家长沟通他们在活动中担任的角色和任务。

5.与合作小组的老师沟通他们需要配合的事。

● 活动过程：

1.复习种植儿歌,引出任务。

（1）教师一边念儿歌一边出示儿歌图片。

泥土松一松,挖个小洞洞,放颗小种子,盖上小被子,给它浇浇水,蹦！发芽了！

（2）引出种植任务。

师：这首儿歌里藏着我们今天要完成的任务,你能找出来了吗？

（松土、挖洞、放种子、盖泥土、浇水。）

（3）引出插花牌的任务。

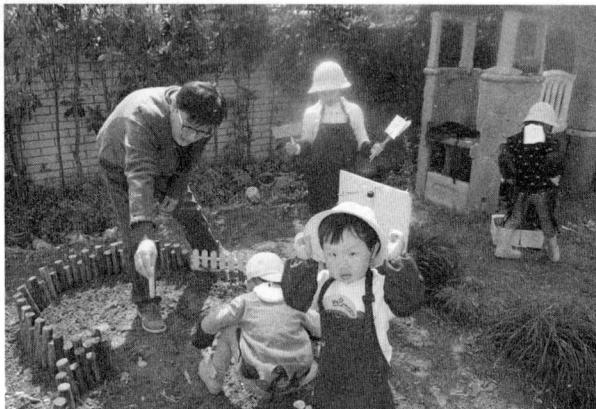

2.自由讨论分配任务。

接下来请队长分配一下任务,也可以问问弟弟妹妹,问问大家想要做什么？

3.介绍工具箱,讲整理规则。

（1）介绍工具。讲解整理工具的规则。

有围裙袖套、洒水壶、钉耙铲子、花种、花插牌、记号笔,等种完花之后要把所有的东西收回去。钉耙要洗干净,要把工具箱搬回教室门口。

（2）穿着要求。

穿好围裙。戴好袖套。弟弟妹妹不会怎么办？ 换好雨鞋把自己的鞋子和队员放在一起。

等种完花要把雨鞋上面的泥弄干净,再把幼儿园的雨鞋和自己的雨鞋分别放回筐里。一起行动一起回来。

4.分队种植。

● 活动反思：

因为有了上一次建花园的经验,这一次在交代任务上更加从容。因为加入了自己编的种种子的儿歌,孩子们一下就记住了种种子的步骤。教师考虑得也比之前更加全面,孩子们也更加有秩序。知道工具用好放回工具箱、搬回教室,雨鞋用完弄干净放回筐里。这是一次很快乐的种植体验。

活动九：植物养护牌

● 活动目标：

1. 了解自己队所种植物的养护知识。

2. 根据了解到的养护知识学习制作养护牌。

● 活动准备：

1. 前一天带回家记录的养护小贴士表格。

2. 养护牌。

● 活动过程：

1. 看一看养护小贴士表格。

请孩子说说植物的养护知识。

2. 讲解如何制作养护牌。（中大班或个别小班）

（1）养护牌的内容：花名、浇水情况。

（2）装扮养护牌。

3. 说说养护牌的内容。

请哥哥姐姐说一说养护牌的内容。

● 活动反思：

前一天给孩子们发了一张记录植物养护的表格,有些孩子将作业完成了,有些却没有。像悦悦和冉冉她们是自己用简单的数字来表示浇水的情况,当制作养护卡的时候她们很快就知道什么植物要怎么样浇水。一些写得比较复杂的表格我会读给队里的孩子们听,让孩子们自己判断要怎么浇水。

活动十：花园小故事

● 活动目标：

1. 观察自己的花园，能发现花园的变化。

2. 记录发现的变化，能说清楚自己记录的故事。

3. 哥哥姐姐帮助弟弟妹妹学习植物浇水的养护知识。

● 活动过程：

1. 任务引出。

（1）彩虹仙子施了小魔法，我们去看看花园里有什么变化。

（2）请你等一下将发现的变化记录下来。

2. 出发去小花园。

（1）看一看自己的花园有什么不一样。

种子发芽了吗？种的花有没有谢？

（2）我会为它做什么？

3. 绘画发现的变化。

哥哥姐姐记录发现的变化，托班建构。

4. 和弟弟妹妹说一说前一天制作的养护插牌。

● 活动反思：

孩子们几乎是冲到自己的花园的，当他们发现种子发芽的时候非常开心。在观察的时候西瓜虫引起了大家的关注，大家都猜西瓜虫是好的还是坏的呢？回去上网一查,发现西瓜虫会吃嫩叶,于是大家一致决定去抓西瓜虫。吃好饭孩子们等不及了,但是因为一些原因推迟到了下午,结果下午要宝宝成长营,孩子们更加失落了。第二天孩子们一来幼儿园就问"今天是不是要抓西瓜虫啦?"当他们抓到西瓜虫,但是又不忍心伤害它的时候,还想到了用瓶子把它养起来的好办法。

活动十一:花园值日表

- **活动目标:**

1.合理安排每一天照顾花园的队员。

2.知道值日时所要做的事情:浇水、施肥、拔野草、抓害虫、整理。

- **活动准备:**

照片;值日表。

- **活动过程:**

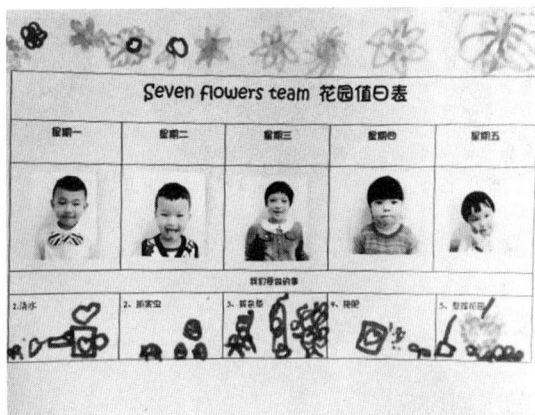

1.提问引出值日表。

(1) 现在每一天都是谁在照顾花园呢?

(2) 提议:请队长和大家商量一下值日的安排。

2.讨论值日生要做哪些事情。

浇水、施肥、拔野草、抓害虫、整理。

3.制作值日表。

(1) 队长分配、询问大家的意见安排值日表。

（2）装扮值日表。

4. 告知队员值日表内容。

5. 再一次看一看花园有什么变化。

● **活动反思：**

孩子们看着这张表格后面的五件事，以为是对照着表格内容来安排事情。所以我在想，设计表格的时候怎么设计可以让孩子不会出现这样的误解，最后决定把表格合并。值日表制作完毕，孩子们照顾花园的责任心也更上一层楼。

● **延伸活动：**

果蔬大丰收

六、主题活动反思

1. 选择合适的主题内容。

不同年龄孩子的认知水平和学习能力有很大的差异。Rainbow 花园的主题源自孩子身边的故事，Rainbow 王国，深深地吸引着每个孩子的心。当听到 Rainbow 花园受到重创时，每个孩子都萌发了他们的英雄情结，都想帮助 Rainbow 王国重造花园。尤其是这个王国的名字和我们自己班级的名字一样，更加让孩子觉得这是自己班级的事情。

2. 主题目标的定位。

在预设主题时，我们根据不同年龄的差异将主题目标定位为：

小托班：能在混龄构成的 5 组小分队中感受和哥哥姐姐一起活动的快乐，并能对哥哥姐姐给予的帮助有积极的情感反馈；愿意和小分队的成员一起合作完成一件事情，在合作的过程中尝试坚持，耐心等待种子长大。

中大班：能有意识地帮助弟弟妹妹，激发互助、合作的意识，并培养初步的团队领导能力；尝试设计装扮 Rainbow 花园，愿意和弟弟妹妹合作，在合作的过程中愿意帮助弟弟妹妹并给予积极正面的引导；初步掌握种植的步骤和方法，了解植物的养护要求，能坚持 Rainbow 花园的种植活动，关注植物的生长变化并在等待种子成长的过程中耐心坚持，感受小生命成长的喜悦。

清晰明确的主题目标是我们开展主题的方向，也是我们选择教学活动的重要依据。在主题实施的不同阶段，我们努力把握这几个目标。像第五个目标，我们通过种植儿歌、去花鸟市场实地选种子、用值日轮流制照顾花园、每天午饭结束就带领孩子观察自己的花园、用照片记录的方式鼓励孩子耐心等待。

当然我们也发现了很多不足的地方，如 5 个分队分组讨论的时候，老师应该倾听每一队小组的讨论并及时给予反馈。而在合作的过程中，刚开始哥哥姐姐没有照顾弟弟妹妹，倾听弟弟妹妹的想法。常常把他们晾在一旁，顾自己讨论。而弟弟妹妹也没有合作的意识，有时候哥哥姐姐来找他们，他们常常不配合，游离在集体外。所以在合作的过程中不断地鼓励哥哥姐姐，引导哥哥姐姐学习如何分工，让弟弟妹妹有事做，对配合的弟弟妹妹及时给予鼓励表扬。

这次的主题活动，总体来说是成功的。6 月是收获的季节，孩子们感受到了成功的喜悦。每个花园都非常郁郁葱葱。但我们明白，在下一次主题活动之前要思考得更加清楚，不论是目标的预设还是活动的预设都要从孩子的各方面考虑，让孩子们在活动的过程中最大程度地获得发展。

参考文献

[1] 赵丽君,刘云艳.混龄教育的理论基础及实践价值[J].幼儿教育,2006.

[2] 刘永明.幼儿混班教学现状与对策研究[D].兰州:西北师范大学,2002.

[3] 伯克,温斯特.鹰架儿谊的学习:维高斯丛与幼儿教育[M].谷瑞勉译.台北:心理出版社,1999.

[4] 童的梦艺术幼儿园混龄课题研究组.混龄教育组织形态的研究[J].上海教育科研,2005.

[5] 武建芬,陈冰美.间断性混龄:一种适合我国国情学前教育组织形式[J].幼儿教育,2006.

[6] 刘永明.幼儿混合班教学现状与对策研究[D].兰州:西北师范大学教育学院,2002.

[7] FELDMAN P G. Playing in the zone of proximal development：Qualities of self-directed age mixing between adolescents and young children at a democratic school[M].American Journal of Education，2004.

[8] 刘文,魏玉芝.混龄教育中幼儿心理理论与创造性人格的关系[J].学前教育研究,2010.

[9] 刘志军.中学生的道德判断推理水平、同伴关系和亲社会行为关系的研究[J].心理科学,2001.

[10] 廖凤林,廖桂春,李江雪,等.幼儿对不同被助对象的助人观念及其行为发展的研究[J].心理发展与教育,1999.

[11] 耿希峰.7～11岁儿童的分享行为发展及其动机分析[D]北京:北京师范大学,2002.

[12] 李幼穗.儿童发展心理学[M].天津:天津科技翻译出版公司,1998.

[13] 陈琴.4～6岁儿童合作行为认知发展特点的研究[J].心理发展与教育,2004.

[14] 郑蓉.婴幼儿移情研究综述[J].早期教育,2009.

后　记

在写这本书的时候,我一直在思考,究竟什么是教育?

我想,那绝不是夸夸其谈的浮光掠影,也不是阳春白雪和纸上谈兵。我以为,教育是一颗需要落地生根的种子。

十余年光阴,三千多个日夜,我有一个信念,那便是把最美好的童年回忆留给孩子。

孩子的童年短暂而珍贵,在幼儿园的这几年,是他们语言、交往、认识飞速发展的黄金时期,这就意味着作为幼儿教育工作者的我们,任重而道远。开学伊始,当我轻轻牵起孩子稚嫩的小手,我知道我牵起的还有一个家庭沉甸甸的信任。

为了担负起这份信任,我不断地学习和探索。幸运的是,在多年摸索中,我找到了一把钥匙,开启了幼儿社会性发展研究的大门。以幼儿的亲社会行为培养为落脚点,我在大量现场研究、实验研究的基础上,慢慢研发出一套以混龄为背景的社会性培养课程体系。

我始终坚持,学会生活比获得知识更重要。正如爱尔兰诗人叶芝所说:"教育不是注满一桶水,而是点燃一把火。"我希望能在尊重儿童的基础上,通过亲社会行为的培养,将孩子们满怀好奇的心灵一点点地打开,让生命的脉芽破土而出,让智慧的火花流光溢彩。

至此,我要感谢很多人。首先,要感谢我的教师团队:郑晓洁、周乙萍、林黎佳、胡球娟、包丹丹、谢晓艳、徐帅、章晓、李菁、姚加媛、杨旖西、陈梦圣、吴钰君、沈晶、沈雯娟等老师,正是有你们多年来在实践中与我并肩作战,无怨无悔,才会有一次次精彩的活动。感谢甘剑梅博士在专业上的指点;感谢封面设计童灵芝、徐晓璐,编辑徐静无私热忱的工作;感谢师大领导一如既往的支持;也感

189

谢家人朋友始终在我左右。正是你们十几年的风雨相伴，才让我在幼教的道路上走到今天。

但由于本人学养与视野有限，本书不论是内容或是观点等，一定还存在许多缺憾、不足，希望大家不吝指正！

感谢，一路有你；感恩，与你们相遇。

胡　瑛

于西子湖畔

图书在版编目(CIP)数据

情商课堂：幼儿亲社会行为的研究及教养对策/ 胡瑛著.—杭州：浙江大学出版社，2017.10

（幼儿情商课堂系列丛书）

ISBN 978-7-308-17588-3

Ⅰ.①情… Ⅱ.①胡… Ⅲ.①情商—能力培养—学前教育—教学参考资料 Ⅳ.①G613

中国版本图书馆 CIP 数据核字（2017）第 265063 号

情商课堂

——幼儿亲社会行为的研究及教养对策

胡　瑛　著

责任编辑	武晓华
责任校对	梁　兵
特约美编	童灵芝
封面设计	杭州林智广告有限公司
出版发行	浙江大学出版社
	（杭州市天目山路 148 号　邮政编码 310007）
	（网址：http://www.zjupress.com）
排　　版	杭州林智广告有限公司
印　　刷	杭州杭新印务有限公司
开　　本	710mm×1000mm　1/16
印　　张	12.5
字　　数	320 千
版 印 次	2017 年 10 月第 1 版　2017 年 10 月第 1 次印刷
书　　号	ISBN 978-7-308-17588-3
定　　价	38.5 元